ELIGE CON ÉXITO
"SOLTERO, VIUDO O DIVORCIADO"

ELIGE CON ÉXITO
"SOLTERO, VIUDO O DIVORCIADO"

LCC. CARMEN VELEZ

Número de Control de la Biblioteca del Congreso de EE. UU.:   2013913728
ISBN: Tapa Dura   978-1-4633-6318-5
                 Tapa Blanda   978-1-4633-6317-8
                 Libro Electrónico   978-1-4633-6316-1

Este libro fue impreso en los Estados Unidos de América.

Fecha de revisión: 02/06/2014

Para realizar pedidos de este libro, contacte con:
Palibrio LLC
1663 Liberty Drive
Suite 200
Bloomington, IN 47403
Gratis desde EE. UU. al 877.407.5847
Gratis desde México al 01.800.288.2243
Gratis desde España al 900.866.949
Desde otro país al +1.812.671.9757
Fax: 01.812.355.1576
ventas@palibrio.com
466320

ÍNDICE

Primera Parte: Estrategias de Búsqueda

Segunda Parte: Mi Elección es... un Soltero

Tercera Parte: Mi Elección es un... Viudo

Cuarta parte: Mi Elección es un... Divorciado

Quinta Parte: Inicia Viaje....Al Paraíso

DEDICATORIA

A mi difunto Papa Mario y a mi Mama Hortensia, a quienes he amado y admirado profundamente, por su gran Fe, Amor y Optimismo que me han motivado a levantarme en los momentos difíciles de mi vida y a perseguir mis sueños.

Los valores que me dieron y el ejemplo de vida han guiado mis pasos.

A mis hijos: Jorge, Martha, María, Natalia y Ángel que me dieron la hermosa experiencia de experimentar la maternidad y conocer el amor incondicional de un hijo.

A mi nieta Martha Regina, que me permite vivir la experiencia de ser abuela.

Ustedes han sido un motor muy importante para que yo me sentara ante mi computadora y de verdad sacar el espíritu de escritora que llevo dentro.

Jorge, nunca olvidare que cada vez que llamabas me decías "¿Mama ya terminaste el libro?".

María, el entusiasmo, cariño y profesionalismo que pusiste en la toma de fotos siempre quedara grabado en mi corazón.

Martha, gracias por animarme a realizar mis metas.

Natalia y Ángel gracias por cuidarme desde el cielo.

¡Gracias a ustedes ha sido posible este sueño!

¡Los Amo!

RECONOCIMIENTOS

Deseo reconocer y dar las gracias por su motivación y apoyo incondicional para la realización de este libro:

Graciela. Lupita y Rocío, mis hermanas, que siempre me hacen sentir que puedo lograr mis metas. A sus hijos, mis sobrinos: Ricardo, Keren, Ricardo Jr.,Valeria, Alfredo, Alejandra, Ximena, Daniel, Mariana, Karla, Luis, Rocío, Emanuel y Roy mi cuñado.

A quien fuera por muchos años mi pareja, Jorge y a quién agradezco la experiencia de vida de matrimonio. A mi yerno Mario, a Claudia, mi futura nuera y a Luis novio de mi hija María.

A mi cuñado Sergio, a mi concuña Coco, mis sobrinos: Sergio, Diana, David y Lorena.

A la Familia de Martha Esthela: Sra. María Antonieta, Mireya, Tony, Emigdio, Laura, Jaime, Andrés, Candy y a todos sus hijos que también son mis sobrinos: José Juan, Jaime, Oscar, Laura, Juan Pablo, José Antonio, Emigdio, Alejandro, Tony, Dulce, Jiasu, Tanil, Tonatiuh y Ollin. Y también a sus queridos esposos y esposas e hijos.

A mis amigas: desde la infancia hasta la actualidad, Norma, Alicia, Ana María, Cándida, Rosa Eugenia, Lety, Belia, Lucia, Marielos, Josefina, Blanca; a cada una de las que integran el maravilloso grupo del Rosario: Meche, Mónica, Silvia, Lucy, Olga, Marta, Sandra, Marce, Tita, Anita y a muchas mas a quienes tengo el privilegio de llamar amigas. De todas ustedes he aprendido mucho y en donde algunas veces he sido sostenida para volver a emprender el vuelo. ¡Han sido unos ángeles en mi camino, gracias!

A los Padres L.C. Gustavo Fernández y Enrique Dávila, mis directores espirituales. A Maria Eugenia y Juan Carlos mis coachings.

A Fernanda Serrano Espinoza, por ayudarme con el diseño de la portada.

A la Sra. Alicia Ortega y a la Lic. Alicia Páramo por la revisión ortografica y de estilo.

Al Equipo de Palibrio por su asesoría y apoyo especialmente a Karla Delgado mi asesora editorial quién estuvo muy pendiente del desarrollo del mismo.

A mis maestros desde el kinder hasta la maestría, han sido un gran ejemplo en mi vida, admiro su dedicación y les recuerdo con mucho cariño.

Al Lic. Javier Arroyo por ayudarme a concretar este proyecto.

A Carmelita y Ernesto que me motivaron a escribir un libro no importaba el tema, ellos decían que lo podía hacer!

A todas las personas con las que pude platicar de su experiencia dentro de los tres estados civiles en que quise clasificar este estudio. Y que me permitieron publicar sus historias de vida, sin su contribución no hubiera podido lograr este objetivo. ¡Mil gracias por su confianza y apoyo!

A todos mis familiares, de parte de mis padres y esposo, a mis ahijados, compadres, comadres y por supuesto a Melino, mi Angel de la Guarda.

A Gelys, quien me asiste en casa, quien ha sido mi brazo derecho por muchos años.

Quise dejar hasta el final a la persona sin la cual yo no seria nada y que conduce mi vida en el día a día. Y que a demás ha sido mi socio en este proyecto. Me refiero a mi padre Dios. ¡Gracias Dios, mío... ha sido muy gratificante trabajar contigo!

Y tu querida lectora que eres parte de este agradecimiento, espero que al terminar de leerlo te queda mas claro que es lo que quieres en tu pareja y te pongas a buscarla y si ya la tienes, pues ojo no la dejes ir!

INTRODUCCION

En mis ya entrados 53 años me he podido percatar que el elegir una pareja es y ha sido una situación difícil tanto para hombres y mujeres, a lo largo de la historia de la humanidad.

Por eso quise concentrarme y dirigir mis esfuerzos a escribir este libro para dedicárselo a todas las mujeres que se encuentran solteras y que están en el proceso de elegir una pareja y formar una familia, pero no ligera como todo lo que se da y vende ahora, sino una pareja con la que puedan permanecer, tener estabilidad y por supuesto que sean muy felices.

Quiero decirles a todos ustedes lectores, que si escogen bien y se dan el tiempo que se requiere para conocer y tratar a una persona del sexo opuesto, estoy segura que invertirán el mejor tiempo de su vida, porque el otro tiempo lo disfrutaran con la persona que eligieron y podrán ver muchos beneficios.

En este libro van a encontrar alguna herramienta que les será muy útil en el momento en que ustedes estén viviendo experiencias de vida al relacionarse con varones: solteros, viudos o divorciados.

Al revisar historias de vida dentro de la clasificación que presento pude percatarme que se asemejan mucho, esto es, se repiten patrones. Pero ante todo quiero decirles que siempre hay sus excepciones. No podríamos generalizar pero si podremos darnos una idea de lo que puede llegar a suceder y eso ya es ganancia y no ignorancia.

Todos hombres y mujeres nos casamos con la idea de permanecer unidos para siempre, muchos lo logran ¡y eso es maravilloso!. Otros se quedan en el camino, eso no es malo, pero si requiere de mayor esfuerzo para cambiar conductas que son nocivas y perjudican nuestra manera de relacionarnos con los demás y la mayoría de las veces con nuestra pareja.

Así como te preparas para la elección de una profesión, un trabajo, la creación de un negocio, así igualmente te prepares para elegir con éxito!

Es un libro motivacional,e inspirador, pretende la reflexión, real y optimista. ¡Espero lo disfrutes!

SI NO ELIGES, TE ELIGEN

Esto es algo que no me quedo claro hasta ya cumplidos mis 30 años, en los que conocí a mi esposo y me case.

Con el paso de los años te das cuenta de la importancia de tener un plan de vida social, espiritual, emocional y material.

Muchos piensan que esto solo funciona para las cosas relativas a la profesión, trabajo o para hacerse rico.

Pero pienso que esto es mas importante para la elección de tu pareja, ya que ella te acompañara si así lo deseas la mayor parte del tiempo de tu vida.

Por eso antes de pensar en alguien haz un esfuerzo por conocerte. No es fácil pero compartiré algunas ideas que te ayudaran a lograrlo.

Siéntate frente a una hoja de papel e inicia analizando cómo te ves y que deseas tener en los próximos cinco años; ve haciéndolo así hasta llegar a una edad madura y contemplando varios aspectos de tu vida que vayan de lo personal a lo profesional, lo familiar y comunitario.

Cada año, revisa tu proyecto de vida y ve si aún es congruente con lo que eres y deseas ser y hacer.

Cuando hablo de que tú eliges es porque tienes muy claro quien eres y cual sería la persona ideal que tú deseas encontrar, tú determinas las características de esa persona y cuando la encuentras pues no la dejaras ir, con el trato diario te darás cuenta que eso es lo que estas buscando.

Cuando te eligen, es cuando tú no cuentas con un plan de vida y vas por ella sin ningún rumbo, aún no sabes lo que quieres, lo que te llega lo vas tomando o desechando y lo peor de todo es que es sorpresivo y tus respuestas son automáticas y no razonadas y cuando pasa el tiempo te das cuenta que quizá eso no era lo que hubieses querido.

Siento decirte que son raras las personas que fueron elegidas y son felices. Pues hay más posibilidad de encontrar la plenitud en la vida de pareja cuando tú sabes que esperas y ten Fe en encontrar a la persona adecuada.

¡Así que ponte a trabajar en tu plan de vida y empieza a buscar a la persona que en el encaja!

EL QUE SIEMBRA COSECHA

En la vida hay periodos en las que nos toca sembrar para después recibir la cosecha.

En la etapa de la elección de tu pareja se presentará un tiempo en el que tendrás que sembrar o invertir y si lo haces, cosecharas.

Mi abuelita Amalia decía que costaba lo mismo enamorarse de un hombre de principios que de uno que no los tuviera, o que era el mismo esfuerzo enamorarse de alguien atractivo o desagradable, o de un rico que de un pobre. Lo cierto que la moraleja nos quiere decir que la inversión implica tiempo y paciencia y que lo que tú has elegido requerirá de ello.

Supongo que para continuar con este paso por lo menos ya sabes que quieres y como quieres a tu "príncipe azul".

Por lo tanto seria bueno que recordáramos que el periodo en el que tu convivirás con tu pareja se le conoce como noviazgo.

Me gustaría que revisáramos algunas definiciones o conceptos entre ellas la de uno de los libros mas antiguo de la humanidad: la Biblia.

Si nos apoyamos en el Génesis 2:20-24, no nos quedará duda que el noviazgo es una relación previa al matrimonio, no es un juego ni tampoco un pasatiempo.

Es algo más que una amistad, algunas veces no termina necesariamente en matrimonio, pero si es una relación que permite sentar las bases para una unión futura.

La Real Academia Española lo define como: "condición o estado de novio". Y la palabra novio, (novia) como: "persona que mantiene relaciones amorosas con fines matrimoniales".

La definición de la Enciclopedia Britannica dice que : "el cortejo puede ser bastante simple, con un número reducido de estímulos químicos, visuales o auditivos o puede ser una serie muy compleja de los actos por dos o más personas, utilizando varios medios de comunicación".

Aquí, lo importante es que veamos que el noviazgo es la antesala para escoger a la persona que tú deseas que pase contigo el resto de tu vida, por ello es vital no dejarse presionar ni por el tiempo ni las circunstancias.

Debes tomarte el tiempo que necesites ya que estas invirtiendo en parte de tu felicidad.

¿Qué tipo de frutos te gustan?, amargos o dulces, pues cosecharás el tipo de semilla que siembres, y será abundante dependiendo del tiempo, clima, agua y abono con lo que enriquezcas tu relación.

CUPIDO APARECE POR PRIMERA VEZ

Así es, todos hemos tenido o en su momento se presentará, la experiencia de la relación con una primera pareja.

Por lo general, se da en la adolescencia, y surge de la convivencia que hacemos en los grupos donde nos desenvolvemos, escuela, club, o la comunidad.

La atracción surge naturalmente, cupido ha hecho su labor, es entonces cuando descubrimos la dulzura del beso, la fuerza de las manos entrelazadas y la mirada siempre brillante cuando se cruza con la persona que se vuelve parte importante de nuestro existir.

Esta primera experiencia se da espontáneamente, hay emociones que hacen latir nuestro corazón e incluso "sientes mariposas en el estomago" cupido nos ha flechado.

¿Por qué siempre se recuerda nuestra primera experiencia?, porque sin saber marca nuestras futuras relaciones, se convierte en el parámetro de lo que deseamos más tarde, o en otras ocasiones de lo que no queremos.

Al darse en una etapa de inocencia, nuestra experiencia, se convierte en algo mágico y queda grabado en el subconsciente y nuestro corazón.

En esa periodo no nos preocupa si somos compatibles, si es físicamente guapo o inteligente, nos parece que es lo más hermoso y lo más parecido a un "ángel". Es la etapa en lo que todo lo vemos con un gran optimismo, nos volvemos tolerantes con los que nos rodean y transmitimos y alegría y nos contagiamos de ella.De ahí el calificativo a esta fase de enamoramiento. "Se ve la vida de color de rosa"

FOCOS ROJOS DEL NOVIAZGO

Aquí quisiera que revisáramos algunos patrones de comportamiento que se presentan en algunas relaciones del noviazgo; algunas de ellas perjudican a la relación como tal, otras lo benefician; sería deseable que analices si coincides en una de estas descripciones y si fuera así, reafirma o modifica conforme te convenza, para que esta relación sea la mejor en tu historia de vida.

A) MANIPULACIÓN:

Esta es una característica muy utilizada en algunas relaciones de noviazgo, con ella se pretende a través de las emociones: llanto, tristeza, silencio, soledad, confusión, lograr imponer puntos de vista o conseguir algo que se quiere.

¿Qué deberíamos hacer si estamos cayendo en este tipo de relación? Lo más conveniente es sentarse a dialogar y hacer ver a tu pareja y a ti mismo que esa no es una forma madura de actuar, ya que subestima tu desarrollo personal y el respeto hacia tu pareja; pon atención para no caer en este tipo de comportamiento.

B) ALCANCE EDIPO:

Esto sucede cuando las mujeres buscan en su relación de noviazgo la "Figura Paterna" y los hombres la "Figura Materna". Esto es, durante la infancia algunas mujeres crecieron sin la cercanía de su padre, esto hace que busquen en su relación a alguien que lo sustituya, en ésta pretenden encontrar: protección, afecto, provisión, lo que lleva a desear que su pareja les resuelva todo, pero en realidad no lo ven como algo aislado sino como el padre que están buscando. Generalmente cuando se da se busca hombres de más edad que a ellas les lleven de diez a quince años, o más.

Esta relación no es sana puesto que se esta tratando de buscar llenar huecos, lo mejor es hablar y dejar en claro que rol le corresponde a cada quien.

En lo que se refiere al hombre, buscará la imagen de la madre en la novia, le pedirá que le cocine, que le de consejos, que se vista muy formal y por lo general buscan estar bajo su aprobación ante todo lo que hagan.

Se debe diferenciar muy bien el cariño, amor y respeto que se profesa a la madre y el que se le da a la pareja.

C) ACTITUDES VICIOSAS

Se da entre parejas en donde la relación es inestable: se pelean, se contentan, se vuelven a pelear, pero se vuelven a contentar. Lo que los mantiene unidos son las emociones que surgen de las reconciliaciones.

Estas relaciones, duran mucho tiempo y da la apariencia de que terminara en un final feliz, sin embargo es peligrosa, porque dañan psicológica y emocionalmente. En algunos casos este tipo de conducta, no concluye en matrimonio.

D) ALTRUISMO

Este comportamiento es más común de lo que uno pudiera imaginarse. Sucede cuando te enamoras de alguien con problemas ya sean físicos o emocionales y tu quieres resolverlos o ayudar que tu pareja se sienta mejor. Por lo general se tiende a escoger personalidades de tipo rebelde, alcohólicos, drogadictos y mujeriegos; quien elige piensa "que su pareja va a cambiar".

Una forma de saber si estas en una relación con este patrón, es que te cuestiones como ves a tu pareja: si la ves como cualquier persona con defectos y cualidades, vas bien no hay ningún problema; Pero si la minimizas y crees que necesita de ti para ser mejor o lograr sus objetivos; es casi seguro que has caído en este tipo de conducta.

Toma en cuenta que es muy difícil que sólo por amor se logre que la persona con problemas graves cambie; para esto hace falta que la persona desee cambiar, acepte su situación, tenga fuerza de voluntad y se apoye en terapia.

E) TEMOR O BAJA AUTOESTIMA

Es muy común ver a jóvenes, (hombres o mujeres), que se encuentran esclavizados a una pareja que no les permite hacer nada por temor a que se vayan de su lado. Esto refleja falta de confianza en la otra persona y una relación de noviazgo no puede crecer y fortalecerse si no se cimienta en la confianza mutua.

Cuando se trata de un novio así: no te permite usar ropa ajustada, que te maquilles y te veas bonita; querrá saber en donde has estado y estarás las 24 horas del día y evitará que salgas con tus amigas porque pensará que van a ligar.

Si se tratara de una novia: quiere saber en dónde y con quién esta su novio las 24 horas del día; no soporta que tenga amigas; y que tampoco salga con sus amigos. No tolera que él se exprese bien de otra mujer y mucho menos que subraye sus cualidades.

El problema principal que se presenta es una baja autoestima de quien actúa de esta forma. Este tipo de personalidad perjudica mucho. Ya que a nadie le va gustar estar con alguien que duda de si mismo y de su pareja. Si este es tu caso lo recomendable es que hables con tu pareja de tus miedos respecto a perderlo(a). Esta acción te beneficiara más ya que hará que la confianza y comunicación sean mas profundas y maduras.

F) PASIÓN DESORDENADA

Existe un tipo de *noviazgo* que desencadena problemas de pareja y es aquel en el que ambos participantes se deja llevar solamente por pasión sin importar si hay amor o no.

Surgen relaciones que pasan por alto el amor y se van directo a la pasión y en menos de lo que "canta un gallo", se conocen y en pocos días están teniendo sexo.

No existe comunicación, no hay dialogo, solamente gemidos, miradas apasionadas, manos que saben dónde tocar para despertar pasión y desenfreno.

Es muy fácil creer que esto ya es amor. Pero cuando se ama las relaciones sexuales pueden esperar.

Las personas que sólo quieren sexo de una relación son egoístas, solamente quieren satisfacer sus deseos personales. Sólo piensan en sí mismos, no visualizan consecuencias ni el futuro, no piensan en proyectos de vida ni tienen sueños en conjunto. Obtienen lo que quieren y a la menor oportunidad se van.

Mi Abuelita Amalia, sabiamente, decía que la verdadera prueba de amor se da cuando eres capaz de esperar por amor y fortalecer primero la comunicación, comprensión, respeto y proyectos para el futuro.

G) AMIGOS CON DERECHOS

La pareja se conoce desde hace tiempo, se tratan como novios, se besan, se abrazan, pero no establecen una relación de compromiso, ante los demás son solo amigo. Por lo general uno de los dos promueve que el noviazgo sea secreto y la otra parte lo acepta.

Generalmente, uno de los dos llega a pensar que es un compromiso formal mientras que el otro puede que se este entreteniendo mientras aparece la persona que ha idealizado lo que le permite desaparecer en cualquier momento.

Sea cual fuera la razón, se debe considerar que cuando existe el amor, éste no tiene por que estar oculto.

Se recomienda hablar con la pareja y establecer límites, son novios o no lo son. "El que nada debe nada teme" dice el refrán, por lo tanto jamás se debe permitir socavar la dignidad de cualquiera de los que están involucrados en una relación de este tipo.

I) EXCELENCIA

Es aquella relación en donde sólo te interesa hacer feliz al otro, donde te preocupas por sus problemas y te alegras de sus éxitos como si fueran tuyos. Es el noviazgo en donde los dos se ayudan a ser mejores y son el uno para el otro, testimonio de pureza, amistad, sinceridad y coherencia. Conocen los defectos del otro, pero los aceptan y luchan para convertirlos en cualidades.

¡Adelante! Si siguen así, las cosas van a funcionar armónicamente porque juntos sabrán divertirse sanamente; tienen muchos puntos en común, no sólo se gustan físicamente, sino también se atraen emocionalmente; su comunicación es excelente y los planes y proyectos los involucran a ambos.

En conclusión, podemos decir en este capitulo, que hay muchos prototipos de noviazgo, quizá pase por alto algunas otras conductas, sin embargo quise poner las mas comunes.

Pero lo más importante, es que hagan un alto en el camino, analicen su noviazgo y si lo hacen juntos mejor; ya que hacerlo les ayudara a evitar "focos rojos" y a ser mejores personas y parejas.

EL MEDIO AMBIENTE FACTOR CLAVE EN LA ELECCIÓN DE MI PAREJA

Definitivamente si influye el medio ambiente en que te desenvuelves porque es ahí donde vas a invertir tiempo y energía. Me refiero, a la institución donde estudias, asociaciones en las que participes, clubes, empresas donde laboras, lugares de entretenimiento.

Si analizas te darás cuenta que cuando sales siempre lo haces con conocidos y te sientes bien en grupos en donde te sientes aceptada.

Es por ello que cuando tu tienes muy claro que tipo de persona deseas como pareja llegues a percibir donde encontrarla.

Si te gusta que sea una persona que ame el deporte, seguro la encontraras en lugares donde este se practica, o en donde se pueda verlos practicar.

Si deseas que sea piadoso y apegado a una creencia seguro participara en encuentros y eventos religiosos o espirituales.

Una amiga mía, por ejemplo, conoció a su marido en una disco en Acapulco. En ese entonces las jóvenes no podían ir solas debían salir acompañadas de una persona adulta; en el caso de mi amiga su tía las llevo esa noche a la disco. El joven vivía y trabajaba en México en una importante institución bancaria, tenía 28 años, mi amiga era estudiante y tenía solo 18 años y vivía en Monterrey y terminaron casándose. Lograron formar una relación sólida como pareja, tienen una familia muy unida y a la fecha están felizmente casados y disfrutando de la bendición de ser abuelos.

Mi comadre Corine conoció a mi compadre Ricardo desde la primaria, siempre fueron novios y están dichosamente casados.

Cuando Cupido lanza la flecha y "esta da en el blanco", se presentan las excepciones, sin embargo saber lo que se desea, siempre te dará la seguridad de que lo encontrarás donde lo buscas, o puede aparecer repentinamente y es la persona con la que tu quieres aventurarte por la vida.

EL AMOR: ¿UN SENTIMIENTO O UNA DECISIÓN?

El amor es tanto sentimiento como decisión. Es una emoción sentida, pero también lleva implícito el consentimiento de la emoción, esto es, querer sentir algo por determinada persona.

Hay diferentes tipos de amor, el que se siente por los padres, abuelos, hermanos y amigos. Pero es diferente el amor romántico, el cual implica tres características fundamentales: atracción, intimidad y compromiso.

La atracción, es lo que comúnmente llamamos "química", se refiere al interés físico, o sexual, que siente hacia persona que nos gusta, nos provoca sentir el deseo de abrazar o besar a esa persona. Es la responsable de que experimentemos sentimientos de nerviosismo o ansiedad al estar expuestas al objeto de nuestro afecto.

Intimidad, se refiere al hecho de que depositas tu confianza en la otra persona, compartes tus sentimientos, pensamientos y acciones. Se crea un vínculo tan especial que te permite sentirte apoyada, amada y cuidada por ese ser, además de que se crea una interconexión muy especial.

Compromiso: igual a decisión, es lo que te permite seguir al lado de la persona amada a pesar de los altibajos que se llegaran a presentar.

Lo ideal es que estos tres ingredientes estén presentes en una relación amorosa, pues cuando alguno de ellos falla, suele presentarse una gran frustración en las relaciones, lo que lleva en muchos de los casos a terminar con la misma.

Las relaciones amorosas nos enseñan a respetarnos a nosotros mismos y a honrar a los demás. El amor es una de las cosas más hermosas que podemos experimentar en la vida. Y aún es más bello el amor cuando se torna más que un sentimiento una decisión mutua.

AÑADE INTELIGENCIA EMOCIONAL A TUS RELACIONES AFECTIVAS

Tanto el matrimonio como el divorcio son tomados a la ligera y esto provoca que se presenten consecuencias de gran impacto: en lo hijos, familias, comunidades y culturas. Lo que se necesita es desarrollar cualidades que nos permitan ser personas equilibradas emocionalmente ya que esto nos ayudará a relacionarnos mejor con los demás, especialmente con nuestra pareja de una manera optima.

De ahí la importancia de entender los valores de la inteligencia emocional y aplicarlos a nuestra relación de pareja.

Vale la pena que antes de que inicies un noviazgo, te esfuerces por comprender y desarrollar como mantener una relación saludable y emocionalmente equilibrada. Siempre deberás tener presente que se requieren dos personas para que ésta funcione, pero solo una para provocar un divorcio.

La inteligencia emocional te ayudará a entender tus emociones y las de otros, a usar la razón en el manejo de esta información y esto se vera reflejado en un comportamiento mas maduro que tendera a beneficiar la relación.

Te recomiendo que desarrolles las siguientes características de la inteligencia emocional que serán de mucha ayuda para ti y tu relación de pareja.

Las tome del libro "Lo que las Parejas Inteligentes Saben, de la Dra. en Psicología Patricia Covalt.

-CONOCETE A TI MISMO Y SE AUTOCONSCIENTE DE TUS ACCIONES.

Es muy importante que hagas una introspección de quien eres y como has llegado hasta donde estas, presta atención en los recuerdos que vengan a tu memoria desde las diferentes etapas de tu vida y analiza que te ha formado y como te defines. Debes ser muy sincera contigo misma y tocar estos puntos con tu pareja en su momento porque esto permitirá que la relación sea mas sólida a medida que compartan sus más íntimos secretos y por supuesto el de revelarte tal como eres.

-VIVE CON UNA ACTITUD POSITIVA

Recuerda que tienes que ver las situaciones que se te presentan por el lado más amable y esta es una gimnasia natural para reforzar el optimismo y la esperanza que te hace una persona emocionalmente positiva. Con esta actitud ya tienes el 50% de ganancia en cada situación que se te presente. Esto es como un motor que te lleva a conseguir lo que deseas, el ser emotivamente positivo mantendrá tu relación de pareja en una actitud saludable, fresca y creciendo sólidamente.

-TENER EMPATÍA Y SINTONÍA CON TU PAREJA

La empatía es una cualidad que te permite conectarte con los sentimientos de los demás y al desarrollarla te permite conocer las necesidades de tu pareja. Así la sintonía te ayudara a comprender mejor su forma de proceder y a entender porque actúa de una o otra manera. Estas cualidades emocionales son un requisito importantísimo en una relación plena.

-SER AUTO EFICAZ

La autoeficacia como inteligencia emocional se refiere al impacto que tu actitud tiene ante los resultados que esperas ante cualquier situación, por lo que siempre debe ser acompañada de un buen grado de optimismo.

La autoeficacia les permite como pareja entrenarse como equipo y juntos enfrentar los retos que se les presenta en la vida y superarlos con éxito, basados en una autoestima saludable y madura en lo individual y de pareja.

-MANEJO ADECUADO DE EMOCIONES

A través de la inteligencia emocional entenderás y comprenderás tus sensaciones y harás una canalización adecuada de ellas. Esto te permitirá manejar con sabiduría tus relaciones y evitar las discrepancias al manejar adecuadamente los conflictos.

¡LA ELECCIÓN TAMBIÉN INCLUYE A LA FAMILIA!

Esto es algo que tienes que considerar desde el momento que hagas una elección de pareja ya sea que termines en un matrimonio o no.

Me he preguntado muchas veces porque deben pagar justos por pecadores, pero esta es una realidad y no la puede cambiar nadie.

Y esto lo menciono porque quizás el elegido es excelente, culto, fino, educado, detallista, amoroso y resulta que en su casa, su familia no es ni la mitad de lo que él refleja. Podrías pensar "a mi no me va a pasar", "eso es asunto de su familia," "yo y mi pareja estaremos solos, y nadie se va a meter con nosotros". Que equivocadas estuvieron las mujeres que pensaron así; y aún se da en nuestros días. Cuando tu sales con alguien debes meterte en la cabeza que también convivirás con la familia. Y que ese vínculo no hay nada ni nadie que pueda cambiar.

Debes ser más perspicaz, para observar y conocer el comportamiento de tu elegido dentro de su núcleo familiar, ver como se desenvuelve,su contribución o como lo influyen a él los demás miembros de la familia; si lo respetan, si le hacen carrilla y sobre todo observar cual es el trato que entre los padres hay, pues mucho de lo que observes son patrones de conducta que tu elegido repetirá en su vida de pareja y de matrimonio.

Muchas de las expectativas que se esperan de una relación de pareja ya sea dentro del noviazgo e incluso en el matrimonio, es que queremos ver ciertos "tratos" a los que fuimos acostumbrados en la familia donde crecimos.

Por ejemplo, hemos visto familias muy unidas, en donde el amor, respeto, comunicación entre la pareja y los hijos es una forma de vida; es natural que quien viene de ese núcleo espere que su elegido y la familia del mismo le den la continuidad de esos valores a los que esta acostumbrada. Y cuando no sucede y son otras las formas de actuar en la vida, se generan serios problemas de comunicación y comprensión en las parejas. Porque sería difícil para una chica que viene de una familia armoniosa llegar a establecer una relación de matrimonio con alguien que esta acostumbrado a ver como a su madre la ignoran, no la toman en cuenta, no se le da lugar de autoridad y de respeto. Entonces inconscientemente él con el paso de los años hará lo mismo con su pareja en presencia de sus propios hijos y de las familias de ambos; ella siempre se sentirá frustrada e infeliz, comparando su relación con el amor y respeto que vio entre sus padres.

Esto es algo muy serio que debes evaluar antes de un compromiso formal; pero si tú estas convencida de tu elección y hay cosas que te preocupan de su familia debes ser honesta con tu pareja y platicarlo y "acordar" que podrían hacer para que esto no afecte su futuro.

Aquí lo importante es que estés consciente del peso que esto tiene y que no llegues a una relación de matrimonio ignorando lo que esto conlleva.

Para llevar una relación armoniosa con la familia de tu pareja yo te aconsejaría que :

- **Respeta y acéptalos como son.**
- **Jamás hagas una crítica que pueda lastimar a un miembro de la familia.**
- **Se detallista con fechas especiales**
- **Procura estar siempre dispuesta a apoyar cuando se te requiera.**
- **No te pongas a competir por el cariño de tu pareja con ningún miembro de su familia.**
- **Dale a tu pareja el espacio que necesita para convivir a solas con su familia.**

- **Tengan un pasatiempo en común con los miembros de ambas familias.**
- **Procuren que ambas familias se conozcan y convivan.**

Esto les ayudara durante el noviazgo para una armoniosa convivencia y si llegan a formalizar, les permitirá tener una relación sana con la familia de ambos.

¿Y QUÉ DECIR DE LA DIFERENCIA DE EDAD?

La naturaleza humana del hombre y de la mujer es distinta, su desarrollo biológico, psicológico lleva un determinado tiempo y es diferente en ambos.

La mujer.rmadura primero que el hombre. Pero después existe un período en donde los dos coinciden y pueden relacionarse aunque exista diferencia de edad y en donde todo embona a la perfección. Esa es la realidad de la naturaleza maravillosa del ser humano.

Por ello se aconseja que los jóvenes vivan cada etapa que les corresponda en su crecimiento. Porque al saltarse fases van quedando lagunas que después son muy difíciles de llenar y que de alguna manera entorpecen el desarrollo normal y armónico y que se reflejan más tarde en conductas anormales para su edad.

Lo normal, según la psicóloga Marcela Gil, en una relación la diferencias de años va desde la misma edad hasta los seis ó siete años.

Cuando se presentan mayores diferencias de edad, generalmente van asociadas a experiencias disfuncionales como: ejercer roles que no les correspondía, ausencia de uno de los padres, trabajar antes de tiempo, cuidar de abuelos o hermanos menores entre otros; esto provoca que maduren antes de tiempo y que su edad psicológica sea mayor; entonces se inclinan por parejas que les llevan 10, 15 ó 20 años.

Podemos pensar que muchos años de diferencia de edad no traerá ningún problema en el futuro porque asumimos que hay madurez de parte de ambos. Pero los estudiosos de este tema nos dicen que no es así. Con el paso de los años se va notando más la diferencia de los años de los dos y cambian sus necesidades físicas, emocionales y repercute en la relación de pareja.

Entre los problemas que más se observan en matrimonios con mucha diferencia de edad es: predominan la infidelidad por parte de la pareja más joven, tienden menos a socializar en grupos y los hijos de estas parejas prefieren abstenerse de salir con sus padres.

Muchas veces lo único que los une es la estabilidad económica que se consigue en este tipo de uniones.

La mayoría de estas relaciones surgen de solteros que han esperado mucho tiempo para casarse y que han creado una solidez económica. Pero en su generalidad viene de personas divorciadas con hijos o sin ellos, que pueden ofrecer un plus económico a la posible pareja.

Se ha dicho que en el amor no hay edad, pero recuerda que el amor no es un sentimiento es una decisión. Si estas dispuesta amar a una persona que te lleve muchos años de diferencia, debes estar preparada a que con el paso de los años tu amor se torne más generoso para proporcionarle los cuidados que demandará y en el cual debes sacrificar gustos, deseos y tiempo. Solo así, podría terminar exitosamente.

Por la importancia de este factor en la elección de pareja te presento un testimonio de vida de una pareja que esta viviendo momentos difíciles en su relación por este motivo.

TESTIMONIO DE VIDA DE UNA PAREJA CON DIFERENCIA DE EDAD

Elba tiene 42 años y su esposo Everardo 66 años se conocieron hace 12 años, cuando ella tenía 30 años y él 54 años. La diferencia de edad es de 24 años.

"Yo soy una mujer de temperamento tranquilo y mi primera experiencia sexual fue con Everardo durante nuestro noviazgo, yo no había tenido otras parejas de la misma manera como me relacione con Everardo. Él es divorciado de hecho tiene una hija de mi edad, eso no me gustaba mucho, pero lo superé por el gran amor que le tengo y me case con él.

Al principio todo fue increíble, me parecía que todo era un sueño del que nunca despertaría, pero con el paso de los años, esta relación se ha tornado cada vez mas difícil, pues el carácter de Everardo ha cambiado mucho, se ha vuelto muy celoso, y me da pena decirlo pero aburrido. Estamos batallando mucho en la intimidad, pues ya no logra complacerme como lo hacia en un principio; quedo muy frustrada, me enoja y me desquito con él poniéndome de mal humor y siendo hasta grosera con él.

Nosotros decidimos no tener hijos y yo me enfoque a mi profesión, tengo una empresa de consultaría que me exige relacionarme con otros hombres profesionalmente y me he inquietado mucho últimamente, porque algunos de mis clientes me parecen más atractivos que mi propio marido.

Estoy sufriendo mucho porque estoy segura que siento un verdadero amor hacia Everardo, pero cada vez veo que va envejeciendo y eso me da miedo.

Yo quisiera que volviera hacer el de antes y poder convivir y divertirnos como lo hacíamos.

Hemos platicado los dos de la situación e incluso le he pedido que probemos con un consejero matrimonial pero no quiere, él dice: "que no necesita de nadie que solo necesita de mi paciencia", pero yo cada vez siento que me estoy volviendo como él vieja y fea".

"A todas las mujeres que estén como yo en una relación de tanta diferencia de edad y que aún no formalizan, les aconsejo que lo piensen muy bien, pues nadie te dice como son las cosas con los años y al final la que sale afectada es uno.

Aunque el amor sea muy grande, a veces es difícil llevar lo cotidiano cuando no hay manera de detener el tiempo; las enfermedades o achaques de la edad se le irán presentando a tu pareja y terminas siendo más que su esposa su enfermera."

Por otro lado tenemos el caso de Lucy quien también conoció a su pareja a los 17 años de edad. El le llevaba 18 años.

"Lo conocí cerca de mi casa, mi mamá tenia una lonchería, (tenia porque ya falleció) y él iba allí a almorzar. Estaba estudiando para sacerdote.

En el tiempo que le dieron la libertad de elegir, nos conocimos y fue amor a primera vista en menos de tres meses nos casamos y duramos 37 años de casados.

Tuvimos siete hijos: cuatro varones y tres mujeres. Y tengo 16 nietos.

Nuestro matrimonio fue muy bonito, porque el fue tolerante, tranquilo, nunca me celo, todo muy bien.

Era muy entregado a la oración en comparación con los esposos de mis amigas y hermanas, se notaba la diferencia de su trato. Era una persona muy atractiva, buen hombre, esposo, padre, para mi fue lo mejor, fue lo máximo.

Yo pienso que el éxito de un matrimonio son los principios o valores que tiene la pareja; fue algo que nos ayudo mucho, además del amor que es lo que debe prevalecer. Mi esposo era (porque ya murió) una persona seria, respetuoso, espiritual.

Yo no tuve ningún problema en mi matrimonio, increíble pero cero conflictos. Fue muy bonito, muy bendecido.

La situación actual es difícil porque ya ninguno quiere responsabilizarse de nadie, todo lo toman a la ligera.

Si quieren durar en su relación deben comprometerse, creer en las promesas que se hicieron; y deben de vivir cada etapa, porque hoy día no quieren batallar. El matrimonio es un proceso de fases y hay que tener la madurez de involucrarse y vivir cada una de ellas.

También nuestras familias se entendieron muy bien.

Es muy importante que se lleven bien las familias de ambos porque se va a convivir mucho con ellos. Y entre mejor se caigan es mejor, menos problemas.

No sentí la diferencia de la edad nos entendíamos muy bien.

Quede viuda a los 50 años. No me volví a casar porque fui muy feliz y no esta en mis planes volverme a casar. Fue tan bonito mi matrimonio que quiero conservar ese recuerdo.

Lo que yo les diría a las jóvenes que están haciendo su elección de pareja es que no subestimen los valores, es lo mas importante."

Como podemos ver, la diferencia de edad entre las personas y muy especialmente cuando queremos encontrar pareja se basa principalmente en el grado de madurez que se tenga, en una verdadera entrega y sacrificio para preservar el amor y darle una dimensión sobrenatural.

LECCIONES DE VIDA

LA DIFERENCIA DE EDAD PESA CON EL PASO DEL TIEMPO Y NADIE TE LO ADVIERTE.

EN LA MAYORIA DE LOS CASOS TENDRÁS QUE ESTAR PREPARADA PARA LA PRESENCIA DE UNA ENFERMEDAD O LA MUERTE.

LA RELACIÓN DE ESTE TIPO EXIGE UN AMOR MADURO Y GENEROSO.

EN LA MAYORÍA DE LOS CASOS LAS ACTIVIDADES DE LA PAREJA Y CONVIVENCIA CON AMIGOS SE AJUSTAN A LAS PREFERENCIAS DE LA PAREJA DE MAYOR EDAD.

JAMÁS SUBESTIMAR LOS VALORES, ES LO MAS IMPORTANTE.

DIFERENCIAS CULTURALES Y SU IMPACTO EN LAS RELACIONES DE PAREJA

Es necesario una seria concientización de las diferencias culturales que se dan en una relación de pareja en donde cada uno pertenece a un país diferente. Si bien es cierto que dentro de la misma cultura o país, región, existe diferencias sociales, culturales, intelectuales y profesionales, es todavía más complicado si lo trasladamos a las diferencias que se dan entre las costumbres y tradiciones de los diferentes países del mundo.

Las relaciones interculturales son cada vez mayores, pues vivimos en un sociedad cada vez mas globalizada y comunicada. La misma tecnología de la información nos permite interactuar con personas del todo el mundo, ya sea que trabajes en una empresa transnacional, o que a través del Internet llegues a conocer gente de cualquier parte del orbe; como sucede con muchas parejas que así se relacionan.

Estas diferencias culturales si no las conoces pueden crearte dolores de cabeza, más tarde, con tu pareja sobre todo si tienes la intención de formalizar.

Lo recomendable en estos casos es identificar las diferencias, platicarlas y trabajar en ellas los dos.

Las más comunes que pude identificar al platicar con algunas mujeres casadas con extranjeros son entre otras:

-TRADICIONES Y COSTUMBRES: QUE SON DIFERENTES ENTRE PAÍSES, RAZAS, CREDOS.

Engloba la manera de comportarse contigo y con tu grupo social en que te desenvuelves: familia, amigos y colegas. La forma en que se interconectaran ambas culturas para poder más tarde transmitirlas a tu entono familiar, social.

-RELIGIÓN

Es muy importante y algunos lo pasan por alto, pero es algo que debes cuidar mucho, pues conforme pasan los años y tienes hijos, ellos se verán afectados ante las diferencias de credo.

-IDIOMA

La negociación para establecer, cual es el idioma que se hablará en la pareja y posteriormente cuando se forme la familia.

Todas estas cuestiones como podrás ver son obvias, por ello se nos olvida tenerlas presentes y trabajarlas con nuestra pareja. Por eso, es importante que esten seguros de lo que quieren, lo platiquen y lleguen a un acuerdo.

TESTIMONIO DIFERENCIAS CULTURALES EN LA RELACIÓN DE PAREJA

Norma, es una gran mujer, con una fuerte personalidad, esta casada con un extranjero de nacionalidad japonesa.

Ella nos comparte algo de su experiencia en cuanto la importancia de la diferencia cultural entre una pareja.

"Cuando una relación principia, eso es lo que menos ve uno, lo va viviendo con el tiempo, la unión, la convivencia familiar; allí es donde uno se da cuenta del tipo de filosofía que uno tiene al compararse con otras razas; y en especial estoy hablando de la japonesa. Entre las cosas que pudiera ver muy positiva de ellos, que a mi me ha encantado, es que les gusta apoyar a los demás: esperan se desenvuelvan y que hagan lo que se necesite hacer.

Pero por otra parte, no valoran mucho a la mujer, para ellos es un artículo de lujo y yo considero que es una compañía. Entonces si es difícil compaginar esas dos cosas; porque cuando te casas con ellos lo primero que te dicen: "claro eres mi esposa pero no podrás interactuar en los negocios, ni en las cosas de la familia, porque nuestra política es que la mujer no participe;" entonces eso hace que te sientas incomoda y tienes que acostrumbrate y a superarlo con el tiempo.

Son muchas las cosas que debes de considerar en un relación con una persona de otra nacionalidad.: la educación de los hijos, la administración del dinero, la manera como ven las cosas a nivel empresarial, simplemente la relación que tienen cada uno de los integrantes de la familia.

La gente de la edad de mi esposo, 66 años, todavía la mujer come en la cocina y camina detrás de su esposo. Las personas de esa edad siguen siendo muy tradicionalistas, la mujer le da mucho respeto al hombre.

Me acabo de enterar, hace un año, de algo que no sabía: en Japón las mujeres llevan la administración del hogar porque los hombres trabajan mucho y se estresan tanto que no pueden manejar una casa, entonces todo el salario que reciben se lo entregan a la mujer; ella dirige todo el patrimonio y a él le da para sus chicles. La persona mayor es la que lleva la administración y más si es mujer.

En Japón la mujer trabaja mientras no se ha casado. Cuando llega a casarse deja de trabajar. Generalmente se dedica al hogar porque allá no hay guarderías, no hay nada para niños chiquitos. Los niños empiezan a ir a la escuela a la edad de cinco años; Las escuelas son muy depurativas en el sentido que desde que entras al kinder tienes que meterle las pilas a tu hijo ya que de ese kinder va a depender su desarrollo académico hasta la universidad y para entonces, ya saben lo que van a estudiar y a ganar.

Yo tuve muy buena relación con mis suegros (que ya fallecieron) y mis cuñados. Porque yo estoy casada con el mayor de la familia; y en un oriental eso cuenta mucho. Para ellos estar casado con el mayor significa que te tienen que respetar, hacer los honores, independientemente de la situación que haya; eso fue algo que a mi me salvo en muchos aspectos, podía opinar de muchas cosas que de otra manera no me hubieran permitido.

Yo recomendaría que si alguna mujer tiene la oportunidad de encontrar como pareja un extranjero de cualquier nacionalidad, que lo conozca bien, que tenga mucha comunicación con él; que platique específicamente de las expectativas que tiene al tener una relación con alguien que no es de su país.

Porque eso generalmente nunca lo ves, es muy raro que lo pienses, ni siquiera se habla en ¿donde se va a vivir o qué va a pasar si nos cambiamos a tu país o te vienes al mío?; ¿quién se va a adaptar a las costumbres de quién?; las diferencias culturales: de lenguaje, filosóficas, gastronómicas son muy grandes, por eso, lo más importante es que la pareja este segura".

LECCIONES DE VIDA

EN UNA RELACIÓN CON UNA PERSONA DE OTRA NACIONALIDAD ADEMÁS DE SUS VALORES SE DEBE CONSIDERAR EL ENTORNO CULTURAL DE SU PAÍS.

LAS EXPECTATIVAS DE VIDA Y DE LAS DIFERENCIAS CULTURALES SERÁN TEMAS QUE SE DEBERÁN DE ABORDAR CON UNA COMUNICACIÓN ABIERTA Y SINCERA

LAS DIFERENCIAS CULTURALES: DE LENGUAJE, FILOSÓFICAS, GASTRONÓMICAS SON MUY GRANDES Y SI INFLUYEN EN LA RELACIÓN DE PAREJA

UN HOMBRE CASADO JAMÁS DEBE SER UNA ELECCIÓN

Toco como una pincelada este tema porque desafortunadamente hay mujeres que creen que es una excelente elección un hombre casado.

Y en realidad lo único que están haciendo es ponerse la soga al cuello y elegir un infierno de vida.

Un hombre casado, es un varón ocupado, tiene una pareja. El ya tuvo su oportunidad de elegir y de seguro tuvo muchas oportunidades en su momento.

Lo que toda mujer debe saber que es que cuando un hombre le pide a una mujer matrimonio, es porque verdaderamente esta convencido que esa es la persona que quiere que lo acompañe el resto de su vida. ¡Es porque realmente la ama!

Muchos hombres casados se separan de su esposa porque no tienen el carácter suficiente para torear las tentaciones que se les presentan. Y muchas veces la mujer no identifica con tiempo los focos rojos del peligro en la relación de pareja.

La mayoría de las mujeres que se involucran en una relación de este tipo se convierten en la eterna amante. Porque el hombre casado inteligente, sabio y prudente jamás va a dejar a su familia ni a su esposa por una aventura. Aunque algunas veces crea que esta perdidamente enamorado de su nueva pareja; lo que sucede es que para el hombre es sexo, mientras que para la mujer es muy difícil separar el amor del sexo y cae en la trampa afectiva.

Lo prohibido es lo que hace que estas relaciones sean emocionantes, pero también provocan una fuerte culpabilidad sobre todo en el hombre, por eso es que para ellos es más difícil dar el paso de abandonar a su esposa e hijos. Ambos saben que son cómplices de una traición ¿y yo me pregunto? ¿se podría confiar en alguien que ya ha traicionado la confianza de su pareja?

Cuando se tiene una relación con un hombre casado se esta atentando contra la estabilidad de su familia y se esta provocando la destrucción de la misma. Y eso es una carga muy fuerte para una mujer.

Hay casos en que la mujer no conforme con esta relación, se empeña en embarazarse creyendo que con un hijo puede retener al hombre casado y lograr que abandone a su familia; y eso no es cierto, es muy cruel, pero en estos casos el único perjudicado es el hijo al cual se le priva de un hogar en donde las dos figuras: la de papa y mama le den acompañamiento en su desarrollo.

Desde el punto de vista psicológico, se podría decir que las mujeres que se inclinan en este tipo de elecciones, tienen serios problemas de autoestima. Porque una mujer que se ama y valora, jamás va a querer ser usada, utilizada y subestimada.

La clave para evitar que se involucren en este tipo de relaciones es que se quieran mucho y valoren. Y que se graben en su mente que este tipo de elección no es una opción.

TESTIMONIO DE UNA MUJER QUE ELIGIÓ UN HOMBRE CASADO

Elvira conoció a Julio hace siete años, era jefe de una amiga que se lo presento; ella le había platicado que había tenido algo que ver con él pero que ya no había nada. Julio es un industrial muy rico y respetado en donde el vive. Era por supuesto un hombre casado con tres hijos, y seis nietos.

"Soy madre soltera de 39 años, preparada con estudios de posgrado, independiente y autosuficiente. Con dos hijos cada uno de diferente pareja.

Mi primera experiencia con un hombre casado, fue cuando yo estaba recién llegada a la ciudad y no conocía a nadie. Entre a trabajar a una empresa de abogados y mi jefe tenia un amigo que lo visitaba mucho. Él me parecía un hombre muy atractivo y siempre que iba me veía mucho y yo me empecé hacer ilusiones con él y a contestarle las miradas. Un día mi jefe nos invito a comer a una compañera y a mi, fuimos y llego su amigo. La pasamos muy contentos, me pidió mi teléfono y me empezó a llamar todos los días y me dijo que le gustaría invitarme al cine y yo acepte. Yo sabía que era casado pero pensé que no era nada malo ir al cine y tenerlo como amigo. En el cine él me tomo de la mano y al final me dio un beso al que yo correspondí así empezó esa relación que duro cinco años y de la que tengo como recuerdo a mi primer hijo. Fue una relación muy bonita porque él me llevaba 20 años y me consentía mucho, me compro una casa, me daba bastante dinero para comprar lo que yo quisiera y siempre se ha hecho cargo de Carlitos aunque no lo reconoció como hijo.

Esta relación termino porque un día su esposa se entero de lo nuestro y él no quería abandonarla, porque me decía que todavía la amaba pero que también a mi pero que con ella llevaba muchos años y que no podía renunciar a su familia. Yo no le di opción y lo deje.

Carlitos todavía era un bebe, cuando me presentaron a Julio. Desde que lo conocí se me hizo un hombre muy interesante y fuerte. Tiene unos ojos muy grandes y azules que me encantan. El supo toda mi historia y conocía a mi anterior pareja pero no eran amigos.

Empezó a visitarme con mucha frecuencia a mi casa solo en plan de amigos. Me platico que llevaba varios años con una gran monotonía en su matrimonio y que no era un hombre feliz a lado de su esposa. Que ella era una mujer muy buena, que no tenia nada que reprocharle pero que ya no sentía nada por ella.

Me pregunto que si yo tenia algún pretendiente y le dije que no. Después él me dijo

Que se estaba enamorando de mi y que le gustaría que fuéramos más que amigos.

Yo le dije que si y así empezó todo.

Con la experiencia anterior yo me puse más lista y entonces le leí la cartilla y le dije que si quería que fuéramos pareja que él tenía que venir a verme todos los días después de que saliera de su oficina y que debía pasar conmigo todos los fines de semana. Y que yo lo acompañaría en viajes de negocios a donde él fuera que lo pensara bien pero que esas eran las condiciones. Me lleve una gran sorpresa porque acepto.

Quede embarazada de él y tengo un hijo que es igualito que él. Julio lo adora, pero no lo quiso reconocer, ya no insistí porque he aprendido que los hombres casados por más que quieran a sus hijos que tengan fuera del matrimonio no les dan el apellido.

Entonces le pedí que me lo dejara bien protegido económicamente y así lo hizo.

La verdad me ha dado mucho dinero, a mi me ha puesto un negocio y me va muy bien.

Le he insistido mucho con el divorcio pero a pesar de que ya no tiene nada que ver con la esposa, me dice que no. Que no quiere destruir a su familia.

Soy consciente de que nunca va separarse definitivamente de su esposa. No quiere decir que desearía compartir mi vida con él. Yo soy 14 años más joven que él. Sé que estoy dejando pasar años de mi vida y encontrar un hombre libre Me entristece no compartir las fechas más importantes con él, salir en público, y mil detalles más, pero así lo conocí y así es la vida.

Se que estoy haciendo mal, algunas veces me siento muy culpable, me dan muchos celos que algunas veces él salga en el periódico con su esposa en algunos eventos sociales, siento que ese debe ser mi lugar y no el de ella.

Es muy complicada una relación así, por más que se ame a un hombre casado, pues es difícil separarse es como una adicción.

Yo a las mujeres en cualquier condición que se encuentren les diría que no cometan el mismo error que yo cometí.

Ser una amante es una esclavitud, es una garantía de sufrimiento, es dejar pasar tus años en una triste soledad. Y si tienes hijos todavía es peor pues son señalados por la gente y mucho más por sus compañeros de clase.

Les diría también, que se quieran mucho, se respeten y valoren.

Que se fijen en alguien que si les responda y las haga sus esposas.

LECCIONES DE VIDA

EVITAR SER PAÑO DE LAGRIMAS DE HOMBRES CASADOS

CREERLES LA MITAD DE LO QUE TE PLATICAN EN CUANTO A SU RELACIÓN CON SU ESPOSA Y FAMILIA

LA RELACIÓN CON UN HOMBRE CASADO TE PODRÁ DEJAR DINERO EN ALGUNOS CASOS PERO JAMÁS SU TIEMPO Y TODO SU AMOR.

ES UNA GARANTÍA DE SUFRIMIENTO DURANTE LA RELACIÓN

HAY QUE VALORARSE, QUERERSE Y RESPETARSE

JAMÁS VERLO COMO UNA OPCIÓN DE PAREJA, PUES YA ESTA OCUPADO

PERFIL DE UN SOLTERO

Me refiero a soltero, aquella persona que entra dentro de la categoría de una opción civil con reconocimiento legal, esto es, una persona que no ha contraído matrimonio, ni ha vivido en unión libre.

Dentro de ese parámetro, describiré un perfil general de una persona soltera:

-Se da en los dos géneros: Femenino y Masculino

-La edad es variable, aunque en nuestros días, la mayoría de los solteros oscilan entre los 30 a 40 años.

-Viven por lo general todavía con sus padres, no por una co-dependencia sino más bien por la comodidad que ello les representa.

-Son sociables y aprecian mucho su estado civil.

-Disfrutan mucho de su trabajo, viajes, restaurantes, bares, y antros.

-La mayoría continúan estudiando para obtener un postgrado: maestría, doctorado o alguna actualización.

-Necesitan sentir pertenencia de grupo, por lo que interactúan con diferentes círculos de amigos.

-Aman su libertad.

EL SOLTERO DEL SIGLO XXI

Disfruta su vida al máximo, su vida gira en torno a los amigos, trabajo y deporte. Dedica mucho tiempo a desarrollarse profesionalmente y tiende a buscar puestos que le lleven a conseguir un mejor nivel económico y reconocimiento.

Le gusta darse una buena vida, aprecia los lujos, mismos que se puede dar al no tener una responsabilidad de una familia.

Por supuesto que la educación, cultura, país en donde vive influirá en su conducta. Los solteros de los países europeos serán diferentes a los de los países latinos o asiáticos, pero las bases del perfil son muy parecidas.

Las variaciones se dan en cuanto a inclinaciones o preferencias en el momento de escoger a una pareja. Por ejemplo: los solteros mexicanos les gusta dar protección, buscaran mujeres que quieran formar familias y ser hogareñas. Los austriacos son muy exigentes y las prefieren más jóvenes que ellos. Los suizos se inclinan por mujeres intelectuales.

Y así, podríamos seguir describiendo el soltero por nacionalidad, pero lo mas importante es que tienes que fijarte en sus valores, jamás pasar por alto que estos son universales.

Un soltero feliz tendera a mantener su libertad, su nivel de vida que en muchas ocasiones les cuesta mucho trabajo sacrificar en pro de una relación.

La mayoría de los solteros afirman que no están preparados para las relaciones amorosas, que impliquen un compromiso, pues les da miedo salir de su zona de confort y temen perder lo que mucho disfrutan que es su libertad.

Además, hoy día, las relaciones de pareja con conductas liberales han perjudicado los procesos que deben de dar en las parejas, con responsabilidad y respeto. Y aquí me refiero principalmente al mal uso de su sexualidad en la que muchos hombres y mujeres solteras han participado.

Si embargo, a muchos solteros les ha beneficiado un periodo prolongado de su soltería. Porque en esta etapa han encontrado grandes respuestas a sus interrogantes y algunos han podido definir el tipo de pareja que desean encontrar.

Un soltero que ha vivido con plenitud y madurez, llegara a ser un excelente compañero como pareja y definitivamente un padre muy divertido y optimista. Pues lo que ya desea es sentar cabeza, tener una relación armoniosa con la que va ser su esposa y formar una familia.

Me parece muy sano que tanto hombres y mujeres disfruten por un tiempo su soltería, para que en ese período vivan las experiencias que en ella se presentan y evitar que en etapas próximas de la vida surjan comportamientos poco maduros con los que se pueden dañar a si mismos o a terceras personas.

SITUACIÓN DEL ESTADO CIVIL DE LOS HOMBRES EN MÉXICO

La información del Censo de Población y Vivienda 2010 indica: que en México el 43.9% de la población de 15 años y más está casada y 15.6% está en unión libre, en conjunto, seis de cada diez se encuentra unida. La población soltera representa 29.9% y sólo una de cada diez (10.4%) está separada, divorciada o viuda. Esta configuración cambia conforme al curso de vida de la población, por lo que es común encontrar una alta proporción de jóvenes (15 a 29 años) que aún están solteros (61.2 por ciento); en los varones del mismo grupo de edad dicho porcentaje aumenta a más de dos terceras partes (67.3%), en tanto que sólo tres de cada diez están casados o en unión libre. En edades más avanzadas predomina la población casada o en unión libre: 81.6 y 75.7% de la población masculina de 30 a 59 y de 60 años y más se encuentra en esta situación; en este último grupo de edad, se advierte una alta proporción de hombres (19.1%) separados, divorciados o viudos.

Fuente: INEGI. Censo de Población y Vivienda 2010. Cuestionario básico.

¿POR QUÉ UN HOMBRE SOLTERO PREFIERE CONTINUAR SOLO?

Platique con algunos solteros entre los 30 a 40 años y lo que mas sobresalió y me llamó la atención fueron los siguientes comentarios:

-*"Pienso que las mujeres se complican la existencia, deberían de ser mas relajadas. la verdad yo necesito encontrar a alguien menos compleja, porque sino creo que me volvería loco."*

"-Yo creo que la mayoría si sabe que persona les gustaría tener de pareja pero lo extraño es que luego escogen a la persona equivocada y toda la vida se lamentan y no hacen nada."

-*"Todo el tiempo las mujeres se quejan aun cuando nosotros hacemos lo correcto. No entiendo porque se enojan tanto y siempre quieren tener la razón, si supieran que se ven mas bonitas sonriendo. Me encantaría encontrar a una mujer que siempre vea el lado positivo de las cosas y que de situaciones malas siempre saque algo de humor".*

-*"A mi me parece que las mujeres son algo difícil de entender; ¡ yo estoy bien, tengo muchas amigas y me divierto mucho! Creo que la etapa de soltero si debe durar un buen tiempo para luego llegar con mas madurez en una relación definitiva".*

-*"Mira la mayoría de mis amigos ya están casados pero luego veo como algunos se quejan de su relación de matrimonio y luego pienso: pues yo así estoy bien para que me complico mi vida. Claro que me quiero casar y tener una familia pero quiero irme despacio".*

"-Para mi la mujer ideal es aquella que sea autentica, sencilla, que respete mis espacios, amigos, que no sea celosa, que sea muy segura y que tenga vida propia. ¡Y aun no la encuentro!"

-"Me encanta mi profesión, me requiere de mucho tiempo, ha sido difícil encontrar una mujer que me comprenda y apoye en mis objetivos. En relaciones de noviazgo he tenido problemas por ello."

¿POR QUÉ SI? Y ¿POR QUÉ NO? ELEGIR UN SOLTERO

Lo podríamos analizar desde el punto de vista de ventajas y desventajas.

Lo cierto es que en este estado civil es el ideal para iniciar una vida de pareja y formar una familia.

EL PORQUE SI:

- Porque es el estado natural e ideal antes de contraer un matrimonio.

-No tiene un pasado amoroso que trascienda o que le afecte emocionalmente e impida relacionarse sanamente.

-Porque los dos crecen por igual en una nueva experiencia de vida en la que ninguno de los dos toma ventaja.

-Es la Relación más pura, optimista y romántica que cualquier hombre o mujer pueda desear.

-Es el mas recomendable si quieres que el 80% de tu relación sea estable.

EL PORQUE NO:

Más bien diría porque, algunas mujeres no los escogen.

-Porque los consideran inmaduros para una relación de matrimonio.

-Prefieren a hombres con un pasado amoroso, que les enseñe todo sobre el amor. (Sobre todo se da mucho en mujeres muy jovencitas).

-Se quieren brincar el esfuerzo de construir desde cero y prefieren charolas servidas.

-Por miedo, ignorancia o falta de orientación para saber elegir con sabiduría y convicción.

-Porque cada vez son menos.

SOLTERA ELIGIENDO SOLTERO

Nancy era embajadora de un club social de su ciudad cuando conoció a su esposo, Alberto, a través de un amigo que los presento. Pues ella ocupaba un arquitecto que les ayudara con la escenografía de un show que estaba montando para recaudar fondos. Y Alberto estaba llegando de la ciudad de México para trabajar en Puebla.

Desde que Nancy vio por primera vez a Alberto, sintió algo muy especial en su corazón, era como si alguien le dijera que era el hombre indicado. A partir de ese momento se propuso conquistarlo. Enseñarle que ella era la mujer más atractiva y la mejor para él. Tenía que hacerse la encontradiza con él, porque no sabía si ella le gustaba a él. Por eso tenía que ir a donde él estaba y de una manera digna.

Nancy y Alberto duraron 4 años de novios, cumplieron 44 años de casados y tienen 3 hijos felizmente casados también.

Nancy piensa que el éxito en su matrimonio se debe a que le hizo caso a su corazón cuando sintió que Alberto era la persona indicada y se propuso tratarlo.

Que ambos tienen familias muy parecidas en cuanto a valores espirituales, morales y religiosos.

Que la duración de su noviazgo fue determinante para conocerse más. Les permitió hacer muchas cosas juntos, como ir de compras que también es importante y no solo al cine o lugares de entretenimiento. Hacer comidas familiares que les ayudaron a darse cuenta si podrían convivir con las formas de ser de los miembros de sus respectivas familias.

El tiempo, también les permitió que fueran viviendo el noviazgo sin brincarse ninguna etapa, pues hoy en día es difícil porque las parejas descubren su sexualidad antes de casarse.

Nancy dice: *"Tienes que haberte enamorado muy bien de la persona antes de que desfogues todo lo demás, yo sí creo que el cuerpo puede mandar sobre la mente y muchos se ciegan por eso. Cuando eso pasa, se les acaba el encanto por el sexo y de la relación. El otro día escuche un comentario muy interesante que en una buena relación, el sexo cuenta el 10%, y que en una mala relación el mal sexo, cuenta un 90 %.Cuando hay una buena relación tienes que empezar por juntar corazones, espíritus, cerebros."*

Nancy tuvo la oportunidad de elegir un soltero, porque de acuerdo a sus circunstancias de vida era lo esperado. Pensar en un viudo, no lo había y en un divorciado era un tabú.

Hoy en día las cosas han cambiado, por eso Nancy dice que si tuviera una hija en circunstancias de elegir entre estas tres opciones, por supuesto que le aconsejaría que eligiera un soltero, pero si tuviera que elegir entre las otras dos opciones ella le pediría que fuera muy objetiva.

Si fuera un viudo: *"Va, siempre y cuando estés dispuesta a aceptar un compromiso anterior que ya tiene él, porque si tiene hijos, una posición que cuidar, si tiene por lo menos una familia política a quien debe seguir respetando, todas esas cosas ya son convenios preadquiridos, que le tiene que entrar. La otra, un divorciado, lleva ya unas tachitas por ahí, alguien que a lo mejor no respondió a su deber; como no respondió a aquel pacto, no sabes si también va a responder al compromiso contigo."*

En una relación, la capacidad de respuesta al compromiso, para Nancy, es de suma importancia:" *investiga, y entérate hasta donde es capaz de responsabilizarse porque en la vida matrimonial lo importante es capacidad de respuesta; su compromiso y su respuesta al mismo, porque si no te van a cumplir te vas a sentir frustrada, y va a ser desalentadora la relación."*

Por último, nos dice, que en una buena relación cuenta: el amor, el trato respetuoso, y mucha risa; es muy importante que te gane la risa, que te diviertas junto con la persona con la que vas a vivir toda tu vida

LECCIONES DE VIDA

CUANDO ELIGES A TU PAREJA DEBES HACERLE VER QUE TU ERES LA PERSONA APROPIADA PARA EL.

ESCUCHA A TU CORAZÓN.

EL TIEMPO UN FACTOR IMPORTANTE PARA CONOCERSE BIEN.

EN UNA BUENA RELACIÓN, EL SEXO CUENTA EL 10%, Y EN UNA MALA RELACIÓN EL MAL SEXO, CUENTA UN 90 %.CUANDO HAY UNA BUENA RELACIÓN TIENES QUE EMPEZAR POR JUNTAR CORAZONES, ESPÍRITUS, CEREBROS."

ES IMPORTANTE FIJARSE EN LA CAPACIDAD DE RESPUESTA AL COMPROMISO.

QUE IMPERE EL AMOR, EL TRATO RESPETUOSO Y MUCHA RISA.

En el caso de Angélica su noviazgo fue a distancia, ella tenía 19 años cuando conoció a Toño, quien tenía 29 años. El vivía en la ciudad de México. Duraron dos años siete meses de novios, se veían un vez al mes; Angélica le escribía a diario y Toño unas tres o cuatro veces a la semana; Se hablaban por teléfono una vez al mes.

Cumplieron 41 años de casados, Toño murió hace siete años. Angélica piensa que el éxito de su relación se debe a que ella era una mujer sencilla, sin complicaciones, y que a pesar de la edad ella se fue adaptando a su familia y amistades; él se adecuaba en algunas ocasiones a lo de ella.

Toño era difícil para el dialogo, pero Angélica lo soluciono comunicándose con él a través de cartas. *"Yo siempre escribía una carta a mi esposo, cuando tenía algún sentimiento, o algo que no me había agradado, lastimado o molestado; le hacia una cartita; se la dejaba ahí; ya después de que la leía llegaba me abrazaba y me daba un beso; no necesitaba decir lo siento o perdón, pero con eso, nunca guarde un resentimiento contra mi marido, porque todo lo pude echar fuera. Yo siento que es muy importante no conservar nada; y muchísima gente retiene muchas cosas:"*

Cuando Angélica eligió a Toño, ella se fijo mucho en su educación, ya que conlleva el respeto, los valores, el amor. Una persona educada siempre va a respetar a su pareja. Un patán o una patana no tienen de donde sacar estas actitudes. Por eso la importancia de elegir a la pareja con valores similares.

"No puedes dejar de tener la relación con tus padres, tus hermanos, entonces lo mejor es integrarse. En reunión, todos podíamos convivir y platicar. Pero no lo quieren ver ahora los jóvenes, no se preocupan por eso, y es una parte muy importante. Uno de mis hijos está divorciado; y yo se lo dije desde un principio, esta relación no va a funcionar, ella no es educada hijo, va a ser extremadamente difícil; efectivamente, están divorciados. Porque los valores de ella, son diferentes a los valores de nosotros, en su familia no hay esa integridad que hay en la nuestra."

Es muy importante disfrutarse como pareja, que se den el tiempo, que tengan un día en el que salgan los dos y vuelvan a ser novios, que eviten hablar de los hijos, del hogar, del trabajo o de algún problema. Que se vean a los ojos, se tomen de la mano, caminen, hagan cosas juntos, que siempre sean novios.

"A nosotros nos funciono que en nuestro aniversario de bodas, fuera donde fuera, Guanajuato, San Miguel de Allende, aquí cerquita, salíamos, pero era nuestro día. Era como un reencuentro matrimonial; y estaba prohibido hablar de los hijos, nada mas hablábamos de los dos. Y si no se podía porque caía en media semana, nos íbamos a un restaurante a comer y luego nos íbamos al cine, o a cenar. El estaba una semana en México, y una semana

en León, una semana en Guadalajara una semana en León, así estuvimos varios años, entonces estaba yo como novia, esperando que me llamara por teléfono, nos poníamos a hablar como novios, me latía el corazón cuando yo esperaba las llamadas como cuando éramos novios. ¡Me daba emoción cada qué vez que el llegaba a la casa!"

LECCIONES DE VIDA

HAY QUE ADAPTARSE A LAS CIRCUNSTANCIAS Y EVITAR COMPLICACIONES

LA COMUNICACIÓN ES UN FACTOR IMPORTANTE EN LA RELACIÓN, SI NO SE PUEDE COMUNICAR VERBALMENTE HACERLO POR ESCRITO.

LA ELECCIÓN DEBE IMPLICAR VALORES SIMILARES

DEBES CONTINUAR SIENDO NOVIA AÚN DESPUÉS DE CASADA

EVITAR GUARDARSE LAS COSAS PARA NO GENERAR RESENTIMIENTOS.

VIUDA ELIGIENDO SOLTERO

Alejandro y Berenice se casaron profundamente enamorados, duraron cinco años de novios. El tenía 27 años y ella 25 años cuando se casaron.

Su matrimonio fue muy romántico, parecía todo el tiempo de luna de miel. Alejandro era muy detallista con ella y por lo tanto Berenice otro tanto.

"Yo me sorprendía mucho de los detalles de Alejandro, me leía el pensamiento y siempre estaba al tanto de lo que yo quería. Nuestros tres años juntos mas que un matrimonio parecía un noviazgo eterno. Por lo que yo veo y escucho en muchas parejas lo nuestro era la excepción.

No encargamos familia, porque queríamos disfrutarnos, a Ale le iba muy bien en el trabajo y nuestros planes como pareja eran consolidarnos, construir nuestra casa, dejar yo de trabajar y luego dedicarme solo a mi hogar y a planear la llegada de nuestros hijos.

Pero quien me iba a decir que este maravilloso sueño dejaría de existir para convertirse en una pesadilla que me mantuvo sin vida durante cinco años.

Ale era muy aficionado a la moto y un día decidió irse de México a Cuernavaca en moto y tuve un trágico accidente que culmino con su muerte.

Cuando recibí la noticia no lo podía creer, solo recuerdo que me desvanecí.

Mi familia, los parientes de Ale y nuestros amigos, estaban muy tristes no hallaban como consolarme, caí en depresión. Estuve en casa de mis papas, ellos me animaron a tomar terapia, cosa que agradezco, porque no se en que hubiera acabado.

No cabe duda que el tiempo cura los sufrimientos, nunca pretendí rehacer mi vida inmediatamente, yo pensé que jamás me volvería a casar. Sin embargo Dios tenía otros planes para mi, que solo comprendí cuando Mauricio apareció en mi vida.

A los tres años de viuda, me integre a una empresa a trabajar, en la cual tenía que viajar mucho. Fue en España donde conocí a Mauricio, él era el responsable de la compañía en Barcelona; desde que lo ví sentí algo especial, podría decir que me gusto, pero me sentí mal era como si le estuviera siendo infiel a Ale, por eso al principio evitaba cualquier tipo de relación que no fuera meramente profesional con Mauricio.

Pero el destino nos había elegido el uno para el otro, pues me enviaron a Barcelona como un ascenso lo cual dio la pauta para que Mauricio y yo nos conociéramos más: primero como colegas, luego como amigos y al final como pareja.

No fue fácil, darme la oportunidad de la relación porque yo seguía inconscientemente aferrada a Ale, lo había transferido a una relación platónica, según mi terapeuta.

Sin querer yo los comparaba y me aturdía esta situación porque a veces me ponía de mal humor y me desquitaba con Mauricio.

Hasta que un día hable con mi madre y ella con una inmensa sabiduría me hizo ver que yo era una mujer privilegiada, que mi primer matrimonio había sido un cuento de hadas. Y que ahora si yo quería podía tener un buen compañero y que lo único que necesitaba es agradecer a Ale su tiempo y darme la oportunidad de mi relación con Mauricio hasta que Dios lo permitiera, sin pensar en que podría pasar. Ella me hizo notar que cada uno tenía su propia individualidad, pero que los dos habían tenido algo en común: un profundo amor por mi y que eso era muy valioso que no dejara ir esa oportunidad.

En base a eso trate de ser mas consciente de mis actos y permití que la relación se diera y me fui enamorando de Mauricio y él de mi; duramos dos años de novios. Decidimos casarnos, tenemos tres años de matrimonio, estoy completamente feliz, agradecida con Dios, tenemos una maravillosa bebita, Diana, que nos trae vueltos locos.

Ya no he tenido conflictos ni en mi ultima etapa de noviazgo y durante mi matrimonio porque me deje ayudar y porque entendí que la vida te da segundas oportunidades, si tu así lo quieres.

Mauricio, es una persona muy sensata, yo creo que para estas relaciones con personas que han tenido parejas anteriores como yo, se requiere de madurez por parte de las nuevas parejas, porque sino si puede haber conflictos muy serios. Yo en ese entonces no tenía hijos pero si creo que debe ser un poco más difícil porque las mujeres somos demasiado maternales, y no podríamos darle a la nueva pareja un lugar mas importante que el de los hijos, al menos yo eso pienso, pero mi caso fue diferente.

Ahora con respecto al trato que llevo con la familia de Mauricio es de mucha confianza y tengo una excelente relación con sus papas y hermanos. Tuve una gran acogida en su familia y Mauricio en la mía.

Yo les aconsejo a las mujeres que están en un acaso como el mío, que primero pidan ayuda para salir del duelo tan fuerte que se vive, que si pueden tomar terapia la tomen. Que se dejen mimar y apapachar por la familia y amigos, pues se requiere de mucho apoyo en esos momentos y por algún tiempo.Que tengan un trabajo, o que estudien pero que hagan algo que les guste y donde se puedan sentir bien y útiles.

Y por último que se den la oportunidad de querer y ser amadas si aparece alguien en su vida que se los demuestre con hechos.

Y con respecto a Ale muy dentro de mi le agradezco que siga cuidándome desde el cielo, porque estoy segura que allí esta;

tengo la certeza que el esta muy feliz porque sabe que lo amé profundamente en su momento; y que ahora soy una persona feliz, realizada como esposa de Mauricio y como madre para Diana."

LECCIONES DE VIDA

BUSCAR UN TIPO DE APOYO O TOMAR TERAPIA CUANDO SE PASA POR SITUACIONES EMOCIONALES DIFÍCILES.

VIVIR CADA UNA DE LAS ETAPAS DE LOS DUELOS SIN BRINCARSE NINGUNA.

LA EXPRESIÓN DE AFECTO POR PARTE DE LA FAMILIA Y AMIGOS ES MUY IMPORTANTE.

DARSE EL PERMISO DE SER AMADA Y DISFRUTAR PLENAMENTE SEGUNDAS OPORTUNIDADES

DIVORCIADA ELIGIENDO SOLTERO

Mónica tenía tres años de casada y una hija de un año cuando decidió divorciarse Se fue a vivir a casa de sus papas y se dedico a trabajar y a cuidar de su hija. Pero la vida le tenia reservada una gran sorpresa:

Yo siempre quise que mi hija cursara en el mismo colegio en el que yo estudie, pero como no me la admitieron la tuve que poner en otro colegio.

En el kinder se hizo muy amiga de una niña que se llama Anita, que acababa de llegar de Hermosillo.

Por azares del destino me hice amiga de su mama y después de algunos años, seis, esta mama, Alicia, me presento un amigo, Ángel, quien ahora es mi esposo.

Ángel y yo duramos un año y dos meses de novios, no tuve novios durante los siete años que estuve en casa de mis papas. Conocí a otras dos personas, uno era divorciado y el otro viudo, pero llegue a salir con ellos como dos o tres veces. Yo era feliz trabajando, hasta me puse a estudiar pero tuve que dejar los estudios cuando conocí a Ángel porque no podía con tanta cosa.

Tenía mi vida súper completa, mi hija, mi chamba y no necesitaba mas, no salía mucho con mis amigas, la mayoría estaban casadas. Y decía: "pues si tiene que llegar llega y si no pues no llega" ; no lo veía como un apuro, solo le pedía a Dios que si iba aparecer alguien que me diera señales y con Angel fue muy curioso, rápido, sano y a los seis meses me dio anillo de compromiso.

Cuando me divorcie también empecé a tramitar mi anulación por la Iglesia. Quería probar si se podía o no, porque me sentí muy engañada, deje los papeles en el obispado y de vez en cuando me daba una vuelta. Y como un año de conocer a Ángel pensé que ya era demasiado tiempo, y le empecé a poner mas atención al trámite. Esta es como una historia muy padre porque se me fueron poniendo las cosas de una manera increíble, los testigos apoyaran en mi favor, sacerdotes, personas que tenían que participar, las pude localizar y todo se fue dando.

La boda con Ángel solo iba ser por lo civil, porque no tenia papeles. En mi casa mi papa era muy feo conmigo porque me tenia tachada como la divorciada. Eso si me dolía mucho porque él no veía que yo podía rehacer mi vida. Pase a ser otra vez hija de familia, tardo muchísimo en aceptar a Ángel teníamos varios meses de novios y ni siquiera se asomaba a verlo, esa parte fue muy dura para mi, y cuando le digo a mi papa que me voy a casar claro que no le pareció. Porque para él yo ya había estado casada.

Nosotros planeamos la boda para febrero y en el mes de noviembre me llegaron los papeles del obispado con la anulación de mi matrimonio anterior. Y fue increíble, porque entonces ya empezamos arreglar la boda también por la Iglesia; y mi papa feliz empezó a abrirse hacia Ángel, ahorita es el yerno consentido, mi papa no ve nada sino es con él. Es lo máximo para mi papa.

Cuando Anita tenia entre seis y siete años, Ángel la adopto al cien porciento; ella seguía teniendo relación con su papa porque él insistía mucho en verla; la verdad en ese tiempo eran muchas broncas, él me la pedía mucho y yo no la soltaba; económicamente lo único que hacia era pagar las colegiaturas, era una bronca porque Anita siempre estaba en la dirección porque él pagaba tarde; el podía vivir de lujo pero era parte de su manera de ser, quería vivir en un nivel donde no le correspondía. Llego el punto donde Ángel me dijo: "Anita no tiene que estar sufriendo esto, yo le voy a pagar las colegiaturas." Ángel la hizo mucho a su modo, a mi hija le costó trabajo en un principio porque venia de una casa donde estaban las tías y los abuelos que la chequeaban muchísimo y por otro lado Ángel era el soltero, súper ordenado. Ángel la apoyaba en todo.

aunque Anita seguía viendo a su papa. A Ángel le dice papa y a su papá biológico, Edmundo, Ella sabe que Ángel es quien la ha a formado.

El primer año de matrimonio fue complicado, porque por un lado me bronqueaba mucho con Edmundo porque quería ver muy seguido a Anita, hasta que Ángel me dijo en una comida: "hasta cuando ese hombre iba ser tema de conversación en la casa"; allí me cayo el veinte y jamás volví a pelearme con Edmundo. Por otro lado, queríamos ir al cine y Anita lloraba y nos decía que no nos fuéramos y pues teníamos que salir. Ángel siempre dijo: "que él nunca tuvo como una pareja, que siempre fuimos familia desde un principio". Y claro que nos costo trabajo porque yo me inclinaba siempre por defender a Anita, y a él le costaba mucho trabajo y yo lo entendía; pero paso el tiempo Ángel le enseño muchas cosas bellas; en el verano se la llevaba a trabajar, ella esta muy agradecida, con mucho amor y cariño.

A los dos años de casada me embarace, como no podía quedar en cinta estuvimos en tratamiento y resultaron trillizas. Anita agarro muy bien el papel, claro que me tenia que partir en dos porque a Anita no la podía descuidar para evitar que se sintiera menos y pudiera pensar: "ellas si son hijas de Ángel y yo no". Y entonces teníamos que trabajar mucho toda esa parte. Pero Ángel siempre estuvo con ella, nunca se le dejo de atender quisimos que fuera lo mas normal posible; siempre va a ser difícil el ser hija única, y que de repente le llegue un hermano y en mi caso tres. A ella le molestaba muchas veces que dejo de ser ella para pasar a ser la hermana de las trillizas, ya no era Anita, era la hermana de las trillizas. Pero la verdad Ángel y yo, estuvimos muy pendientes de eso.

Edmundo se caso, también tuvo su familia, Anita lo ve muy poco ella lo tiene mas que ubicado en sus promesas, mentiras, estilo de vida, y le saca la vuelta; a ella le gusta mucho estar en casa, con nosotros y cualquier bronca o cualquier cosa corre con Ángel, antes que conmigo se dirige a él; y las niñas la admiran y le manejamos mucho a Anita de que ella es la hermana mayor que es un ejemplo a seguir ; y le decimos aguas con lo que tu haces, porque así lo van a querer hacer ellas y Ángel le da todo a Anita como su hija; la orienta, el muere de ganas de que ella se vaya a trabajar con él, pero ella va hacia otra profesión, otro camino, pero Ángel encantado de que vaya a chambear porque quiere que ella trabaje la fabrica.

En cuanto a mi relación con los papas de Ángel, podría decir que fue más fácil con su papá que con su mamá. Ellos estaban separados.

El señor vivía aquí, el se enfermaba y se iba a mi casa Y la señora vivía en México. Cuando muere el señor mi suegra se viene a vivir aquí y yo siempre invite a comer a toda la familia: papas, hermanas; pero yo no iba a casa de mi suegra. Ella desde un principio fue muy cortante conmigo. Después de un tiempo preferí que solo fueran por las niñas y se las llevaban a comer.

De hecho voy a casa de mi suegra hasta hace poco. Ángel les acaba de comprar una casa y yo le ayude a buscarla, él se las decoro de todo a todo; la señora esta agradecida conmigo, entonces ya puedo entrar a su casa.

Como dice Ángel: "nosotros no tenemos ninguna bronca, la única que pudiéramos tener es en relación a mi familia," es un tema tabú. Hubo muchos detalles que la señora me hacia y yo me quedaba callada, pero llega el momento de poder hablarlo y cuando se daba, Ángel lloraba y me decía:: "como te lo callas".Yo le decía: "porque no quiero broncas prefiero que tu y mis hijas estemos bien, y que vean a su abuela".

Hoy doy gracias a Dios porque tengo una vida hermosa, porque la tengo muy a gusto, estoy emocionalmente muy tranquila. Y muy contenta de ver que Anita esta muy bien.

Yo les dirá a las mujeres: trabajen en ustedes, sean independientes, porque ser dependientes de un hombre en lo emocional o económicamente es terrible.

Horrible, porque te ata, no te hace decidir libremente, cuantas mujeres se casan porque ya están ligadas emocionalmente con alguien.

Mi segunda elección fue mucho de cabeza, y obviamente de corazón. Me case muy chica y obviamente idealizas a la persona. Yo ya a los 31 años no me iba a guiar por eso, tenia que ver que todo lo que el me dijera fuera real.

Lo resumiría en estar bien con ellas mismas.

Que se sientan realizadas como mujeres independientemente de que tengan un hombre, porque yo creo que eso hasta los hombres se dan cuenta, que busquen la felicidad en ellas mismas, que no la pongan en alguien más, aunque dependan de un hombre, estando casadas.

Que cuando escojan a una pareja que no pongan su dependencia en esa persona ni económica ni emocionalmente. Para que sean libres de amarlo como quieran. Que también él se sienta libre de ser amado como es.

Para las personas que tienen hijos y que piensan que son un obstáculo para encontrar pareja, no piensen en ello, preocúpense por que estén bien, porque estén bien sus hijos y si debe llegar tu pareja ya llegará. Estar cerca de Dios, él te guía.

Tener a Dios cerca en mi vida me dio mucho apoyo y tranquilidad, no tuve que buscar porque estaba segura que si iba ver alguien para mi, Dios me lo iba a mandar y te abandonas en esa parte. Esa parte de fe es muy bonita, cosa del destino, el destino es fe y se dio así. Ángel y yo ya cumplimos 11 años de casados.

LECCIONES DE VIDA

SER INDEPENDIENTES EMOCIONAL Y ECONÓMICAMENTE

USAR LA CABEZA Y OBVIAMENTE EL CORAZÓN EN LA ELECCIÓN DE PAREJA

ESTAR BIEN CONSIGO MISMO

BUSCAR LA REALIZACIÓN PERSONAL

LOS HIJOS NO SON UN OBSTACULO PARA LA ELECCIÓN DE PAREJA

ESTAR CERCA DE DIOS, ÉL TE GUIA

PERFIL DE UN VIUDO

El fallecimiento de la pareja tiene diferentes implicaciones según la etapa de la vida en la que se presenta.

Cuando surge en una edad avanzada se produce un gran vacío, pero hay una mayor aceptación.

Pero cuando sucede en una edad más joven el impacto es mucho mayor. Aunque por otro lado se tiene energía y tiempo para asimilarlo y para estructurar una nueva vida.

También tiene mucho que ver como se produce la muerte; si ésta sobreviene tras una larga enfermedad, la persona que queda viuda se ha preparado, pero si el fallecimiento viene de forma repentina, produce un mayor trauma.

La tristeza en los viudos es un sentimiento natural; la familia y los amigos juegan un rol muy importante para mitigar esa pena brindándoles compañía, apoyo y facilitarles su integración social en su nuevo estado.

Un viudo va a requerir mucho afecto, necesitara cuidar de sus hijos si los tiene, pero él también precisará sentirse cuidado.

Es muy importante que viva el duelo en todas sus fases, ello le permitirá sanar y estar listo para nuevas relaciones cuando así lo quiera.

CARACTERÍSTICAS DE LOS HOMBRES VIUDOS

-La Perdida inesperada de su pareja, lo somete a ciertos niveles de ansiedad y depresión, (aunque no siempre es así en todos los casos).

-Incremento del consumo de alcohol, tabaco y drogas, generalmente en personas que han consumido estas sustancias antes de enviudar.

-Reprime y Bloquea sentimientos, por lo que le cuesta volverse a relacionar con una nueva pareja y evita hablar de su esposa difunta.

-El hombre siempre intentará reorganizar su vida sexual-matrimonial, más pronto que una mujer viuda.

-Se apoyan en sus padres y hermanos y crean fuertes lazos con la familia de su esposa difunta.

-Les cuesta mucho trabajo adaptarse a su nueva condición. Por ello incrementan su nivel de actividad, en una área que les haga sentirse cómodos.

-Se sienten satisfechos con el apoyo familiar que reciben, de ahí que después se les dificulta interactuar con la familia de una nueva relación.

-En algunos casos se experimenta sentimientos de culpa, sobretodo si entablan relaciones con nuevas parejas al poco tiempo de haber perdido a su esposa.

-Los hombres viudos mayores, cuando se encuentran solos, son incapaces de valerse por sí mismos y no tienen ánimo para comenzar a desarrollar tareas que no han hecho en toda su vida, en esa etapa son los familiares quienes les tratan de procurar una nueva pareja para que tenga deseos de seguir viviendo y evitar que se acreciente el sentimiento de soledad en ellos.

Encontré una revista online de Colombia que se llama SOHO.com, es para hombres y trata de temas de interés para el sexo masculino.

Me llamo mucho la atención un articulo con el titulo "Ser Viudo", en donde el Señor Salomón Kalmanovitz da a conocer su testimonio. Lo transcribo tal cual porque considero que esto nos dará una idea de los momentos tan fuertes que experimentan las personas viudas y de cómo es necesario identificar estos procesos por los que pasan para llegar a entenderlos mejor y por ende apoyarlos.

"SER VIUDO" POR SALOMÓN KALMANOVITZ

"Al principio el dolor es demoledor: no se entiende en la mente anestesiada que se perdió un afecto, una mirada, una presencia, una compañía, una confidente, una comprensión, un apoyo, un sexo amoroso. La soledad es abrumadora y es peor aún buscar compañía. Se siente en especial en las comidas; hay que prepararlas sin ella, comer mecánicamente. Ir al restaurante con un periódico o un libro, mientras los comensales lo examinan a uno con algo de curiosidad.

Una mujer está llena de demasiadas cosas: ropero, muchos pares de zapatos, carteras, diarios personales, cartas, álbum de fotos, discos, libros, maletines y cuadros. Algunas se pueden guardar, pero para el resto hay que llamar a las amigas a que dispongan de los objetos con que uno vio a la amada colorida y alegre. Es una de las pesadas fases de normalización a la nueva vida triste.

Caruso en La separación de los amantes, que aplica a la separación forzosa de una pareja y no a la pérdida definitiva del amado, habla de la huida hacia delante. Hay el afán de cambiarlo todo -lugar, país, trabajo- comenzar de nuevo ante la ausencia del ser amado. Pero después viene la reflexión de que un medio extraño y hostil hará peor el sufrimiento. Entonces hay la resignación de seguir en el mismo espacio, rodeado de las memorias de la amada, que quizás sea un paso en la resolución de la pérdida.

Los días pasan lentamente y lo van acostumbrando al vacío. Ya no llora al tener que hacer lo que antes hacía ella por uno, como levantarlo y prepararle el desayuno.

Mientras menos llore más se prolongará el duelo que siempre estará mal resuelto. Un amigo perdió a su esposa en un accidente aéreo y me preguntaba en qué momento había superado el duelo. Habían pasado diez años de la muerte de Sylvia y le dije que todavía no lo había logrado. El duelo se va diluyendo muy lentamente, de manera imperceptible, pero tampoco desaparece.

Es desesperante que cuando se presenta el deseo después de la larga anestesia hay que volver al mercado de ligas con los riesgos de siempre, que ahora uno percibe acentuados. Rechazo, hacer el oso, estar demasiado deprimido, hacerlo mal, no encontrar sustituta posible, descartarlas todas de entrada. Hay entonces la acción de aferrarse a relaciones superadas que es una ruta segura al fracaso, pues algo que funcionó mal en el pasado no puede ser reparado en una situación de duelo.

Entiendo a las viudas que optan por nunca casarse de nuevo, conducta que siguen menos los viudos en esta sociedad tan condescendiente con los hombres. En las mujeres está más de por medio el sentimiento de que el amado fue único y nunca podrá ser remplazado. En los hombres, por el contrario, se les permite cambiar de señora por mujeres cada vez más jóvenes a lo largo de su vida. Está también, para mí, el peso de la culpa que se acentúa con el duelo. ¿Qué hice o dejé de hacer para que se produjera su muerte? ¿Hasta cuándo debo serle fiel?

Algo malo de ser viudo es que los amigos lo quieran arreglar con viudas, como si combinar duelos ayudara a sobrellevarlos. Y no. El dolor es demasiado intenso que juntarlo con el de otra persona en *situación similar simplemente vuelve a quitar el aliento. También insisten en los clubes de separados, donde me sentí en un grado tan espantoso de desacomodo que nunca tuve el valor de volver. Hay entonces que esperar una situación provista por el azar para conocer a una mujer interesante para uno, dejar que la química actúe, y se pueda construir una nueva relación, que nunca es fácil.*

Hay mujeres buenas samaritanas que ayudan al doliente, pero salen perdiendo. Una amiga me decía que les huía a los hombres en duelo porque eran insensibles y crueles. No les importaba la mujer, la utilizaban y luego la corrían. Y eso lo puede explicar el dolor que persiste y el sentimiento de que la amada fue irremplazable, aunque quizás haya justificaciones menos nobles. Entonces desfilan las mujeres que uno no toma en serio y que no entienden muy bien por qué se las maltrata.

El duelo es entonces muy prolongado; a veces tiene efectos somatizantes demoledores que pueden llevar a la enfermedad y a la muerte del sobreviviente. Yo los tuve a la manera de una bomba de acción retardada que me afectó seriamente cuatro años después de la muerte de Sylvia, cuando parecía que me normalizaba. No sé bien cómo los sobreviví, pero finalmente me aferré a la vida y puedo contarlo. Desde entonces he tenido nuevas experiencias, alegrías y relaciones, pero a todas algo les falta".

SOLTERA ELIGIENDO VIUDO

El siguiente testimonio de vida es el mío propio, te he abierto mi corazón con la esperanza de que si te encuentras en circunstancias similares tomes en cuenta las sugerencias que te hago, pues antes de exponerlas aquí platique con muchas mujeres que como yo decidimos casarnos con un viudo. De antemano te digo que todas las relaciones no son iguales pero de acuerdo a lo que pude evaluar hay patrones de conducta similares que se repiten en este estado civil.

Jorge y yo nos conocimos en la empresa donde trabajábamos, él estaba casado y yo permanecía soltera, tenía en ese entonces mi novio. Llego a ser mi paño de lagrimas de mi relación de noviazgo, me encantaba ir a platicar con él, porque era muy agradable y sentía como si yo lo conociera de años, nunca tuve hermanos varones y llegue a pensar que me hubiera gustado tener un hermano como él.

Paso el tiempo, Jorge se cambio de área y yo seguí mi carrera dentro de la empresa, me fui involucrando cada vez más en el área de capacitación.

Un día, antes de partir para un curso de capacitación, mi asistente me comento que estaban llamando para avisar que la esposa de Jorge, había muerto, yo no lo podía creer, me dio mucha tristeza escuchar eso y además yo no podía ir al sepelio, puesto que tenia un curso de capacitación en San Miguel de Allende, así que se fue un compañero nuestro con mensajes de pésame de parte de todos.

Jorge vivía en Guadalajara y empezó a ir con más frecuencia a México y aprovechaba para comer con todos los compañeros del área, entre ellos yo.

Esos viajes permitieron que conviviéramos más, pues me hablaba muy seguido y a mí me encantaba que lo hiciera. A raíz de ese trato empece a enamorarme de él. En una ocasión fue a verme a la ciudad de México y a partir de ahí empezamos a relacionarnos como pareja.

Nuestro noviazgo duro un año; era complicado, porque cada fin de semana yo iba a Guadalajara a encontrarme con él y con los niños. Estaban pequeños: Jorge de 6 años, Martha de 4 años y Maria de meses; aunque María estaba en casa de Sergio y Coco, (hermano y cuñada de Jorge), ellos cuidaron de María hasta el año dos meses.

Me encantaba ir a Guadalajara y me encariñe muy rápido con los niños y ellos conmigo.

Nos casamos, renuncie a mi trabajo y me dedique hacer esposa, mama y ama de casa de tiempo completo. Al principio me sentía muy extraña en mi nuevo rol, sin embargo fui adaptándome y sin darme cuenta ya estaba completamente inmersa en mi nueva experiencia de vida.

En mi caso, en particular, el primer año de casada fue agotador. Pues tenía que aprender a ser esposa y mama express. Yo no tenía experiencia,surgen dudas de cómo hacer las cosas, porque sin querer te empiezas a comparar con la primera esposa y eso va creando un poco de inseguridad, en lo que tu estas haciendo. Afortunadamente los hijos, Jorge, su familia, la familia de Martha Esthela y mi familia fueron un gran apoyo para nosotros como nueva familia.

Mis cinco hijos han sido mi adoración: Jorge, Martha, María y los dos hijos biológicos que perdí (Angel y Natalia). Mis hijos siempre me han visto desde pequeños como mama y saben que son privilegiados porque tienen dos mamas: Martha Esthela, en del cielo y Yo, aquí en la tierra. Incluso cuando hay acontecimientos sociales, como bodas, en las invitaciones se incluyen ambos nombres.

Yo me case con Jorge motivada por el amor que sentía por él, me emocionaba ser parte de esa familia y poder ser un apoyo muy grande para él y los niños. Nunca me dio temor la responsabilidad *que ello implicaba, presentía que todo iba a estar muy bien y que todo funcionaria perfectamente.*

Jorge me cautivo por su sentido de responsabilidad, integridad, inteligencia, pasión por la vida, para mí era el hombre modelo.

Mi opinión personal es que en el matrimonio se viven diferentes etapas en las que uno debe ir madurando y evolucionando en la forma de amar. Por ello es importante apoyar y comprender a tu pareja cuando ya tuvo una perdida previa. Pues tienes que darte cuenta que hay momentos muy dolorosos que quizá no entiendas y que no los pueda compartir contigo. Es recomendable tener información para actuar con prudencia en tales circunstancias.

Resulta irónico que al escribir este libro y al tratar este tema, en estos momentos estamos platicando nuestra separación después de 23 años de matrimonio.

Esto es algo muy doloroso y muy triste, sin embargo decidí continuar con este proyecto porque sigo confiando en el amor y se que hay muchos matrimonios que dan testimonio con su vida de que una buena elección de pareja es la base en el éxito de una relación que desea permanecer unida para siempre.

El legado mas hermoso de esta experiencia de vida, ha sido sin duda alguna, la oportunidad de ser Madre. Ahora soy abuela de una preciosa nenita, Martha Regina, que tiene un año y cuatro meses de vida y a la que espero poder llenarla de todo mi amor. Estoy muy contenta, por el matrimonio que ha formado mi hija Martha con su esposo Mario. En sus dos años de matrimonio puedo observar además del gran amor que se tienen mucha madurez en los roles que cada quien desempeña.

Jorge, se casa en unos días más, con Claudia, mi futura nuera. Esto me entusiasma mucho, porque los dos se aman y se complementan muy bien; estoy segura por los valores que le hemos inculcado que hará todo lo que este de su parte para que ambos logren todos sus sueños y sean muy felices.

María, esta de novia, muy dichosa, su novio es ¡un gran chico!, no sabemos que va a pasar con esta relación, pero estoy segura que lo que elija el día de mañana, la hará una mujer afortunada y plena. Les hemos enseñado a ser personas de bien y a responsabilizarse de sus decisiones. Ella sabe que todo debe encajar en su proyecto de vida.

De acuerdo a mi experiencia lo que yo sugiero si estas saliendo con un viudo es que lo animes a que tome terapia, si aún no lo ha hecho,todavía mejor si ambos lo hacen, y que se den el tiempo de que sane el dolor de su perdida. Lo que significaría que no te cases muy rápido con él. Conócelo, trátense un buen tiempo y frecuenta a los hijos si los tiene, a su familia directa, a los parientes de la que fue su esposa. También es importante que él y los niños convivan con tu familia. Y que provoques reuniones donde las tres familias interactuen (la tuya, la de él y la de su difunta esposa) porque eso será lo ideal.

-Tienes que estar preparada, esto es, ser muy madura para aceptar el amor que tu esposo le seguirá teniendo a su primera esposa. Pues recuerda que lo que los separo fue la muerte de ella y no como sucede con los divorciados, el desamor. Este amor es muy diferente al que él siente por ti. Así que evita tener celos.

-Otra sugerencia que haría, es que no dejes de ser una persona económicamente activa, ya sea que trabajes de medio tiempo, o de tiempo completo, o alguna actividad económica informal. Es muy importante, ya que te dará la tranquilidad de que puedes tomar decisiones sin comprometer tu voluntad ante situaciones en las que no estés de acuerdo y además te ayudará a sentirte útil y a mantener o mejorar tu autoestima.

- Si concretas la relación, esto es, si te casas recuerda siempre que eres su esposa, pero que tendrá siempre como prioridad y responsabilidad a sus hijos, debes aprender a vivir con ello y apoyarlo.

LECCIONES DE VIDA

CONOCE A TU PAREJA, VAYAN DESPACIO EN SU RELACIÓN SIN PRECIPITARSE.

APOYA A TU PAREJA PARA QUE SOLICITE AYUDA PROFESIONAL Y VIVA CADA ETAPA DEL DUELO. SI AMBOS TOMAN LA TERAPIA SERA DE MUCHA AYUDA.

CONOCE Y COHABITA CON SUS HIJOS SI LAS CIRCUNSTANCIAS LO PERMITEN.

ALTERNA CON LA FAMILIA DE SU DIFUNTA ESPOSA Y CON DE ÉL.

PROVOQUEN REUNIONES INTERFAMILIARES INCLUYENDO A TU FAMILIA.

ACEPTAR CON MADUREZ LA HISTORIA DE SU PRIMER MATRIMONIO, EL LUGAR QUE TE CORRESPONDE EN SU VIDA Y EN LA FAMILIA.

PROCURA SER UNA PERSONA ECONÓMICAMENTE ACTIVA.

VIUDA ELIGIENDO VIUDO

El caso de doña Virginia es muy especial, duró casada en su primer matrimonio 28 años, quedo viuda a los 42 años y permaneció sola sin pareja 17 años. Se volvió a casar a los 68 años de edad.

A mi nuevo esposo yo lo conocí muy chica, nuestras familias eran amigos, y desde temprana edad empezamos con que éramos novios. Yo tenía 10 años y el tenía 14. Me fui a vivir a México, paso el tiempo, yo me casé él se caso; yo tuve diez hijos, él tuvo ocho; y también quedó viudo.

Un día estaba triste, porque eran de esas horas que ni es de tarde ni es de noche, me quede dormida y desperté como sobresaltada; en eso llega una amiga y me dijo:" porque te veo tan asustada" y le dije: "me acabo de despertar y me dio susto". Mi amiga me invita a cenar a casa de una amiga en común y al día siguiente fuimos. Ahí vi a Gabriel por primera vez, porque él formaba parte de ese grupo de amigos. Y de allí se empezaron a dar las cenas del grupo, primero una y luego otra, hasta que un día me invitó al cine, nos habían recomendado una película; yo pensaba que iríamos toda la bolita, él paso por mi, pero cuando pasamos por la casa de la amiga donde nos juntábamos yo le pregunte: "¿que no van a venir todos?" y me dijo que solo iríamos nosotros dos y curiosamente Andrés mi hijo me había invitado y yo le dije:

"chiquito fíjate que me invito toda mi bolita y voy a ir con ellos. Y cuando salimos del cine ahí estaba mi hijo Andrés con su esposa nada más se nos quedaban viendo".

Y a partir de ahí, ya empezamos a salir solos, nos íbamos a cenar algún restaurante.

Y un día que tuve un problema familiar me fui todo el día a la Iglesia de San Judas y me quede a todos los servicios de ese día. Cuando estaba saliendo de la Iglesia, lo vi a él que estaba en la parte de atrás y me guiño un ojo y sentí que mis tripas se me fueron hasta los pies y dije:

_¡"Dios mío esto qué es"!

Y yo iba muy enojada en el camino, le decía:

_ "San Judas esto es el colmo vengo a pedirte paz, tranquilidad que no tengo y ¡mira con lo que me sales"!

Y claro, había ocasiones que había dicho ya me aburrí que todos los días me de las buenas noches Jacobo Zabludovsky; luego fui con una amiga Cecilia, que tenía un café, me dijo:

_"Te voy a leer el café apachúrrale con un dedo"

y yo que le apachurro y sale una G y dije:

" G, pues ha de ser el gato que se mete a dormir arriba"

Y que me acuerdo que él se llama Gabriel y pues ya empezamos así y al año, nos casamos; el tenia de viudo un año y yo 17 de viuda, mucha diferencia.

Nos fuimos de luna de miel a Ixtapa y estuve fascinada de la vida, bien dicen:" que los cerros no envejecen sino reverdecen". Así me paso a mi, yo andaba encantada verdaderamente, viví muchos días, muchas etapas muy bonitas, me enamore como si hubiera sido una joven. Te vuelves a sentir joven, te vale que te vean, si te ves ridícula.

Pero tenía un carácter muy difícil, lo que hoy lo hacía reír mañana lo hacía enojar; mucho tiempo estuve callada, pues ya sabía que en su anterior matrimonio, había batallado mucho por pleitos. Hasta que llego el momento pues que no podíamos seguir así, por ejemplo estábamos desayunando y me decía:

"_Voy a salir fuera ¡eh!"

_ Y yo le contestaba:

_ "Ah si"; y le preguntaba:_"¿y a dónde vas?" y me contestaba:

_ "Voy a San Juan con Ana y Tomás".

_"¿Y yo no voy?"

_"No"

_"¿ Por qué?"

_ "Porque no"

_ "¡Ah!"

Nuestros hijos aprobaron nuestro matrimonio. Los de él estuvieron más tranquilos que los míos. Las mías estuvieron bien, después mis hijos también. El grande es al que no le entro nunca, pero bueno hizo la lucha.

Luego el empezó a no querer a ir a nada de mi casa y yo iba a todo lo de él. Allí empezó el asunto; yo siempre he desayunado con mis hijas, sigo haciéndolo los miércoles con todas; y le empezó a aparecer mal; se empezó a volver como más posesivo y un día me dijo:

_ "Ya no quiero que hagas desayunos y quiero que veas a tus hijos una vez a la semana".

Yo no le conteste y pensé: ni que fuera visita conyugal. Y un día lo volvió a decir en la noche:

_ "Ya te dije, una vez a la semana escoge si quieres el domingo, desde el desayuno, la comida, la cena si todavía no te basta a ver a donde me voy a dormir yo".

Como diciendo yo contigo no quiero tener nada. Al día siguiente, estaba en el baño limpiando los tornillos del plafón, entró y me dijo:

_ "¿Qué pasó?"

_"¿De qué oye?"

"_De lo que hablamos ayer"

_Ah pues ya te dije:" yo quiero quedarme con los desayunos y cuando haya comida de fin de semana el sábado, en la granja, que yo pueda ir y tú también conmigo".

-"Ya te dije que no"

_ "!Ah no! así no"

_"Ah bueno, pues te dejo, me voy"

Hice dos veces el intento de levantarme y pensé: ¡no! si me gana esta, me gana todas, entonces yo me quede sentada y cuando salí ya tenía varias maletas y así empezó el asunto y ya cuando regrese del súper ya no había nada; ningún traje colgado; y todavía regreso porque tenía su oficina, por cierto, muy ordenada, porque era un hombre exageradamente ordenado. Todo el era orden como dijo Freud:"él que tiene mucho orden afuera, tiene mucho desorden adentro". Se fue yo le llore mucho, después nos volvimos a ver muchas veces me llegue a ir a quedar con él. Salía con él, todo muy a gusto pero cada quien en su casa. Pero luego de repente empezó a pretender a una prima mía, a la que yo quería más, mi consentida, mi preferida, mi todo; somos hijas de dos hermanas y aunque yo no estaba con él, sentí horrible, que ella, a la que yo quería tanto, se fuera a casar con mi exmarido, porque yo todavía lo quería.

El quiso que se hiciera un documento ante notario en donde se dijera que no queríamos nada el uno del otro. Pero el notario nos sugirió un divorcio voluntario y yo pensé que aunque lo firmara seguiríamos casados y que solo estábamos protegiendo nuestros bienes materiales. Pero un día me habla y me dice que se va a casar con mi prima y no pude con eso.

Él duro como dos años y meses con mi prima porque él murió. Por lo que de alguna manera volví a quedar viuda. Antes de cumplir un año de casados ya se había ido ella, y se volvieron a juntar y luego a separar, como dije tenía un carácter muy difícil.

En cuanto a los hijos, pues sí hay celos de los hijos, sobre todo cuando yo me abrace de mi hijo Andrés, me dijo:

_ "Mama tengo días de verte con los ojos muy tristes, ¿que tienes?"

Entonces le dije:

_ "Siento horrible de verlo sacar sus cosas"

Dice que él sintió ganas de agarrarlo y aventarlo para fuera. Él estaba dispuesto a decirle: "Ya se que vas a dejar a mi mama, pero ella esta sufriendo viendo sacar tus cosas, entonces yo te ofrezco una camioneta, cajas, empleados, lo que sea, para que ahora que mi mama regrese, no te vea sacar cosas; aunque ustedes sigan, pero que ella no vea eso; ya cuando ella regrese vuelven a hablar y a ver en que quedan".

Eso era lo que él pensaba. Pero luego mi hija Lucy quiso hablar con una de sus hijas, que estuvo hablando de muchas cosas de su Papa, que en la casa se sentía un ambiente muy pesado, que a ella le urgía casarse para salirse de ahí; y Lucy, tomo confianza con eso y le dijo con toda la discreción posible:

" Fíjate que hemos visto llorar mucho a mi mama, ¿le falta mucho a tu papa sacar sus cosas?, ojalá el miércoles que ella regrese, ya hubiera él sacado sus cosas, y después que ellos hablen, si van a volver, si se cambian a otro lado, o lo que van a hacer".

Pero la hija vino y le dijo:

_ "¿Como vas papa?"

"Ahí la llevo hija, ahí la llevo"

"_Pues date prisa porque los hijos de Virginia ya no te quieren aquí el miércoles"

Modifico las cosas, siempre va a ver celos de los hijos. Aunque puedo asegurarte que me lleve muy bien con todos ellos.

Yo les recomendaría a aquellas mujeres que deseen casarse o volver hacerlo que se fijen mucho en el carácter, porque eso puede hacer fácil un matrimonio, de lo contrario se sufre mucho, con caracteres volubles o difíciles de sobrellevar.

Yo en mi primer matrimonio dure 28 años casada, pero creo que el éxito del mismo fue porque yo me supe callar y siempre salí adelante, me guarde muchas cosas que no me gustaban nunca brinque la tranca como dicen.

Mira yo tengo un hijo, en su tiempo fue muy guapo, todavía es un señor bien parecido y pues de ojito alegre muy amante de la copita, de la ida con los amigos; a esos hombres hay que darles cinco o seis años de paciencia y hacerse uno tonto y gana. Pues dice el dicho:" que la bondad del ama surge cuando el cuerpo ya es deficiente". Entonces ya no tienen ese ímpetu de andar de aquí para allá. Porque ya se tienen que calmar precisamente por la vida que llevaron.

A mi el divorcio es una cosa que no me gusta, porque: si hay hijos, no es justo que los hijos paguen por un capricho, por un mal entendido de la pareja. En ese caso una separación más que el divorcio. Una separación, tu en tu casa y yo en la mía, me pasas la pensión que se pueda y yo veré que hago para completar.

La señora Virginia cree que el ser prudente, el callar a veces, el esperar que pasen las cosas, eso es lo que permite que los matrimonios duren.

Aunque dice que en su estado actual admite el dicho que dice: "que el mejor estado de la mujer es la viudez". Pero, si extraña los pequeños detalles que hacen que una mujer se sienta cuidada, como cuando te llevan del brazo y te abren la puerta cuando sales a la calle con tu pareja.

LECCIONES DE VIDA

A LA HORA DE ELEGIR HAY QUE FIJARSE EN EL CARÁCTER, LOS HOMBRES VOLUBLES SON MUY DIFÍCILES DE SOBRELLEVAR.

EL ÉXITO EN LOS MATRIMONIOS ES LA PRUDENCIA Y SABIDURÍA DE LA MUJER, HABLAR CUANDO DEBE HABLAR Y CALLAR CUANDO HAY QUE HACERLO.

CUANDO TIENES UNA PAREJA OJO ALEGRE HAY QUE TENER MUCHA PACIENCIA.

ES MEJOR UNA SEPARACIÓN QUE UN DIVORCIO PUES EN EL ESPACIO QUE SE DA SE REFLEXIONA, TRABAJA Y SE REINTEGRA LA PAREJA Y LA FAMILIA.

LA VIUDEZ NO ES UNA LIMITANTE PARA REINICIAR UNA VIDA DE PAREJA

DIVORCIADA ELIGIENDO VIUDO

Fernanda es una mujer que siempre se ha esforzado en la vida para salir adelante, es una mujer guerrera y así lo demuestra en todo lo que hace. La vida para ella no ha sido fácil pero ella esta equipada para hacerle frente y ha logrado obtener grandes satisfacciones de las decisiones que ha tomado. Su historia, motivará a muchas mujeres a no sentirse desalentadas ante la adversidad de un divorcio.

Yo conocí a mi esposo porque me lo querían presentar, pero yo quise verlo primero por lo que fui a su oficina a ofrecerle unos terrenos para ver como era; y me gusto porque se veía serio, se veía diferente a toda la bola de señores volados; me acompaño un amiga que no era nada penosa y ella le dijo que nos cayo muy bien y que lo invitábamos a cenar, él acepto y ahí empezó nuestra historia.

A los tres días de haberlo conocido me hablo por teléfono y me invito a cenar, estuvimos platicando de nuestras vidas, él se mostró muy interesado y yo fui muy honesta con él. Ël también lo fue conmigo..

A partir de ahí, ya me hablaba y me decía vamos a cenar, o al cine y hasta el mes y medio de estar saliendo casi diario ya fue cuando me dijo que le daba mucho gusto conocerme y me dijo que si quería ser su novia, le dije que si y la relación se fue dando.

Como al año y medio de andar saliendo me daba cuenta que esta relación se iba embonando eso era lo que mas me impresionaba; no que yo me enamoraba ni el tampoco sino, las cosas se iban dando, no se forzaba nada, yo me solté y dije: a ver que pasa.

Yo creo que él veía cosas que le convenían de mi y yo también y no es un interés económico o físico, yo creo que es un enamoramiento real; porque la primera vez que yo me case, por ejemplo, veía lo que yo quería ver; yo no se si a él le paso lo mismo, pero yo veía lo que quería ver y lo que yo quería ver estaba muy bonito, pero cuando ya vi lo que realmente era, pues no era nada de lo que yo quería ver.

Tengo nueve años con Arturo, el tiene dos hijos, niña y niño y yo tengo también dos de mi primer matrimonio un niño y una niña.

Los de él son adultos ellos tenían cuando yo los conocí 14 y 12 años y los míos tenían cinco y tres.

Se llevaban muy bien como no eran de la misma edad no había pleitos. Los grandes vieron a los chiquitos como chiquitos, los cuidaban; y los chiquitos veían a los grandes con mucha admiración.

La relación con los hijos ha sido muy buena sin embargo a su hija le costo más trabajo que a mi. Y más el ver que su papa se llevaba muy bien conmigo, que su papa se volvió sonriente, contento, estaba enamorado.

Yo no se si lo supe manejar o no pero yo creo que ella ya maduro, y ya esta muy bien; pues lo tuvo que aceptar como yo también tuve que aceptar muchas cosas: como que Arturo es muy frío, no hay demostración de cariño; ellos se demostraban que se quieren viéndose y estando juntos.

En cuanto a mis hijos, yo pienso que cada quien se dieron su espacio y su tiempo, se fueron tratando y queriendo poco a poco, hasta que llego un momento que mis hijos me dijeron le podemos decir papa, pues yo les dije pregúntenle y desde entonces le dicen papa. Arturo no ha sido muy cariñoso con ellos pero es muy sensato, eso también me gusta, porque los quiere a su manera.

El matrimonio con un viudo no es fácil porque su primer etapa fue con otra persona y aquí se murió y yo si veo que Arturo me quiere, me acepta que soy su pareja, porque no hay de otra; si viviera su primera esposa el estaría con ella; no te sientes tan importante como decir, yo soy la primera, siempre esta esa sombra, yo no estoy loca para tenerle celos a la difunta pero si me doy cuenta que cuando se expresa de sus suegros se refiere a los papas de su exesposa; y yo lo tengo que ubicar, pero también soy consciente que fueron sus suegros, son los abuelos de sus hijos, yo ahí tengo que ser un poquito mas madura y pensar, a mi me quiere, esta conmigo, debo respetar eso, pero duele, claro que duele.

A los hijos yo los cuido y los quiero como, si fueran mis hijos. Pero la gente te dice tu no eres su mama, la gente es cruel.

Yo nunca me imagine estar así con Arturo. A mi se me hacia muy difícil y más que yo venia de un divorcio, tenia mis hijitos y piensas quien te va aceptar con hijos y sobre todo pequeños, a querer como papa entonces yo también me abrí.

Mi consejo es que conozcan bien a su pareja antes de comprometerse a mi eso me falto con mi primer esposo, de conocer la familia, ver como trata a su mama, porque de esa manera va ser contigo.

Intimar con la familia es muy importante sobre todo si coinciden en los mismos objetivos yo no digo que ellos estuvieran mal y yo estuviera bien, simplemente allá caminaban para la derecha yo para la izquierda a mi las mentiras no se me dan y allá las mentiras fueron el padre nuestro de cada día.

También es importante como te sientes tu en la relación, no se debe de decir que se esta profundamente enamorada porque eso se acaba, mas bien observar como te sientes, después de haber salido con la persona que estas tratando, si te duermes tranquila, amaneces serena, te sientes contenta, entonces ese es el indicado.

Yo creo que eso es mas bonito, es lo que deberíamos permitirnos ver para poder formar un matrimonio sólido y duradero.

Lo que me gusto también de Arturo, es que siempre hablo muy bien de su esposa y no sucedió así con otros señores con los que salí que siempre platicaban muy mal de su esposa; yo pensaba, pues al ratito va a estar así conmigo.

La diferencia entre un viudo y un divorciado, no es una ley porque también hay divorciados muy lindos, es que por ejemplo, Arturo tenia a sus hijos viviendo con él en su casa; en orden, como yo; un hombre viudo es mas responsable con sus hijos. Él era así y vi mucho orden y no porque anduviera de ojo alegre, sino que se murió la esposa eso fue ajeno a él. Y los divorciados la mama tiene a los hijos, es mas complicado.

Yo quería lo que tengo: un hombre que me cuidara, que apoyara a mis hijos que a mi me protegiera. La figura paterna y materna para los hijo es muy importante.

La relación con la familia de la mama de los hijos de Arturo es muy buena. Ellos pueden ver lo que yo he hecho, se dan cuenta pues que así nos toco, pues yo he hecho todo con el corazón. Sin intención de quitarle nada a nadie. No soy la madrastra del cuento, soy una mama que esta aquí, que si se les ofrece algo cuentan conmigo; la abuela, me lo agradece, me dice que esta muy tranquila, muy contenta.

Pero no fue así con la familia de Arturo, ellos sintieron muchos celos, se sintieron desplazados.

Si volviera a nacer lo haría diferente: seria fijarme como me siento cuando salgo con alguien y escogería al hombre que me deja en paz, tranquila en mi casa, que no me quita el sueño, y viene a la hora que dice que va a llegar; porque cuando estaba soltera ese tipo de hombres se me hacían aburridos.

Un hombre sensato, con educación y valores, es un individuo que te quiere y respeta,

Me hubiera encantado haber empezado chiqueadita, consentida, durmiendo, en paz, pero tuve que vivir la experiencia del dolor, descuido, indiferencia, desvalorización y desamor.

LECCIONES DE VIDA

ES MUY IMPORTANTE CONOCER A LA FAMILIA Y DARTE CUENTA SI COINCIDEN EN VALORES.

LOS VIUDOS SON MUY RESPONSABLES CON SUS HIJOS.

ES NORMAL QUE SE PRESENTE CELOS POR PARTE DE LA FAMILIA DE LA DIFUNTA O DEL VIUDO, ANTE UNA NUEVA RELACIÓN.

ES IMPORTANTE FIJARTE COMO TE SIENTES EMOCIONALMENTE CUANDO SALES CON ALGUIEN: EL HOMBRE INDICADO ES EL QUE TE HACE SENTIR PAZ, ALEGRÍA, AUNQUE PAREZCA UNA PERSONA ABURRIDA.

HAY QUE ELEGIR BIEN, SIN PRISAS, PARA EVITAR UNA EXPERIENCIA DOLOROSA.

EL DIVORCIO

Era impensable años atrás ni siquiera pronunciar esta palabra y sin embargo, hoy más que nunca forma parte de nuestra vida cotidiana.

De la voz latina, divortium, divertere, significa rompimiento, separación.

Para mi desde mi muy particular punto de vista, sin el afán de ofender a nadie, el divorcio es falta de fe, compromiso y deslealtad hacia tus convicciones y principios. Falta también de la generosidad, humildad y perdón que se debe propiciar en toda relación de pareja.

Al divorcio hay que señalarlo como lo que es: ante todo una fragmentación interior más que terminación con un vinculo de pareja.

Para llegar a tomar una decisión de este tipo, debe haber una gran crisis interna de falta de madurez para dejarse vencer por los factores ambientales que nos presenta el mundo actual, con su personificación de relativismo y conductismo Light.

Por ello es importante, que analicemos a conciencia este estado de vida, que tiene un gran impacto social, cultural y emocional con las personas que involucra; ya que es cada vez mas frecuente, este estilo de vida en los mujeres y hombres para elegir pareja.

Creo importante antes de iniciar una nueva relación para quienes pasen por este proceso una intensa sanación interior y un renacer a los verdaderos principios de fidelidad y lealtad con uno mismo.

Por otro lado, hay que considerar que en este tipo de elección, no solo te deberás relacionar con la pareja y su familia, sino con los hijos si los hubiera.

Pues además que se fragmenta la pareja que se divorcia, también se desintegra la familia, los hijos sufren las consecuencias de este tipo de decisión y por ello seria menos traumático que la separaciones sean amistosas y los hijos puedan seguir tratando a ambos padres. Aunque los mismos rehagan sus vidas.

PERFIL DE UN DIVORCIADO

- Personas de mayor edad (35 a 50 años) que llevan entre 10 o más años de casados.
- Con ideas liberales y progresistas
- Mayor incidencia en niveles económicos altos.
- Prefieren vivir en áreas urbanas grandes.
- Casado joven o forzado a casarse por haber embarazado a su pareja
- Inmadurez emocional
- Con convivencia antes del matrimonio.
- De padres divorciados u hogares sin figura paterna
- Presencia constante de sentimientos de abandono, de soledad, de ira y de dolor.

¿POR QUÉ SI? Y ¿POR QUÉ NO? ELEGIR UN DIVORCIADO

PORQUE SI...

-Porque la vida da segundas oportunidades y porque en la mayoría de las veces la persona que ha vivido un divorcio y logro sanar, es el primer convencido de no querer pasar nuevamente por este proceso tan doloroso.

- En algunas ocasiones fue víctima del desamor o traición de su pareja y debe tener la oportunidad de encontrar la felicidad con alguien más.

-Porque es una de las alternativas de elección de pareja en la actualidad y debes considerarlo como una posibilidad si es algo que se identifica con tus principios e ideales.

-Por la experiencia de vida y seguridad financiera, aunque no necesariamente en todos los casos.

-Si estas dispuesta hacer muy madura y aceptarlo como es y trabajar en el desarrollo de una comunicación, confianza, tolerancia y sacrificio.

PORQUE NO ...

-Porque tiene una experiencia de vida en pareja fraccionada que siempre le marcara para posibles relaciones.

-Tienden a conductas repetitivas, una vez divorciado es más fácil que el patrón se repita.

-Las relaciones de pareja con divorciados son más complejas ya que involucran, sentimientos ambivalentes en relación con hijos y familiares.

-Por inmadurez emocional, ausencia de visión y falta de compromiso en la realización de sueños o metas.

-Siempre estarás compitiendo con su exesposa e hijos.

-Buscan un perfil similar de la mujer de la cual se divorcian.

-Y porque seguramente tendrás la opción de elegir a alguien que aún no sea divorciado.

SOLTERA ELIGIENDO DIVORCIADO

Ana y Edgar se conocieron en la universidad mientras estudiaban su carrera profesional.

Desde entonces se llevaban muy bien, pero cada uno tenía sus parejas.

Edgar en cuanto terminó la carrera se caso con Dulce, una chica muy popular de la generación que todos los hombres deseaban y las mujeres, porque no decirlo, envidiaban.

Pasaron 12 años cuando Ana y Edgar se volvieron a reencontrar en las oficinas de una importante empresa Industrial.

Yo seguía soltera, tuve algunas relaciones de noviazgo pero con ninguna concrete nada. Me entere que Edgar, llevaba un año de divorciado, se le veía muy pálido y algo distraído. En un principio su trato fue muy cortante, pero conforme paso el tiempo restablecimos nuestra amistad, como en los viejos tiempos en la universidad.

Sin quererlo me convertí en el paño de lagrimas de los recuerdos de Edgar por Dulce, me platico que ambos habían sido infieles, que hubo hasta violencia física, ya que en dos ocasiones la golpeo y también fue golpeado. Que extrañaba mucho a sus hijas, una de diez y la otra de ocho años.

Yo le sugerí que tratara de buscar terapia y me dijo que en eso estaba y que le echaría muchas ganas ahora con su nuevo trabajo. También me comento, que le reconfortaba mucho que yo fuera su amiga y que me diera el tiempo para escucharlo.

Así pasaron cinco meses, cuando un día después de quedarnos a trabajar muy tarde en la oficina me invito a cenar. Yo acepte y durante la cena me dijo que quería que saliéramos como pareja, que él sabía que podría decirle que no pero que esperaba que le diera una oportunidad. Yo en ese momento, no quise decirle que si. Edgar me atraía como hombre, me preocupaba el hecho que aún lo veía abstraído en su dolor y no me había planteado la posibilidad en mi vida de relacionarme con un divorciado.

Le dije que lo pensaría y que le contestaría en unos días.

A partir de ahí, se volvió muy detallista, llegaba todos los días ya sea con una flor, un chocolate, una tarjeta y como por arte de magia este tipo de detalles empezaron a emocionarme y la contestación fue que si.

Empezamos a ser pareja e incluso llegamos muy rápido a la intimidad. En mi casa estaban mis padres y mis hermanos muy desconcertados, me advertían que era muy arriesgado lo que estaba intentando y que podía salir perdiendo en esta relación, pero cada día me fui enamorando de Edgar y después de seis meses de noviazgo decidimos contraer matrimonio.

Al principio, todo fue muy emocionante, estaba muy distraída con las cosas de la boda aunque debo decir que me costo mucho sacrificar mi gran ilusión de casarme por la Iglesia, porque yo creo que toda mujer sueña con algo así de hermoso, que entras con tu vestido blanco y en el altar te espera el hombre que amas y que recibes una bendición muy especial a través del sacramento del matrimonio.

Fue muy dificil porque crecí en una familia católica y debía renunciar a comulgar.

Ya tenemos cuatro años de matrimonio, no ha sido nada fácil, estoy en estos momentos embarazada. Edgar y yo nos llevamos muy bien pero las veces que discutimos lo hacemos cuando vienen sus hijas; aunque yo las trato muy bien y procuro ser muy respetuosa de la relación entre ellos, la mas grande es muy grosera y siempre me esta haciendo caras.

Yo ya he hablado con Edgar de esta situación pero me pide que lo apoye, me dice que son sus hijas y siente culpabilidad por haberse divorciado y abandonado.

Algunas veces siento muchos celos de cómo las mima y también cuando Dulce su exesposa le llama o se quedan de ver para resolver situaciones de las niñas. Veo que regresa tan contento, que algunas veces llego a pensar que aún sigue enamorado de ella y que pudiera darse la oportunidad de que vuelvan a relacionarse físicamente.

La verdad si es muy duro, casarte con una persona con un pasado y más cuando no te imaginas los problemas que se van presentando y sabes que siempre será parte de tu vida.

Yo les recomendaría a las mujeres que están por elegir pareja, que siempre intenten empezar de cero, esto es, que busquen a solteros, pero si ya no se puede, que sean muy maduras para una relación con un hombre divorciado, porque van a necesitar mucho amor o mucha concha para no hacer corajes y que todo se te resbale.

También les diría que le pidan que anule su matrimonio para que si así lo quieren también se casen por la iglesia, porque así es mucho mejor para todos y más para los hijos porque les da más estabilidad emocional.

LECCIONES DE VIDA

ESCUCHAR Y BRINDAR APOYO ES MUY IMPORTANTE EN CUALQUIER TIPO DE RELACIÓN.

EVITAR ENGANCHARSE O SER EL PAÑO DE LAGRIMAS DE LA PERSONA QUE TE INTERESA. ESPERA A QUE RESUELVA SU SITUACIÓN.

EN UNA ELECCIÓN DE PAREJA SE DEBE SER OBJETIVO.

EN ALGUNAS RELACIONES SE REQUIERE MUCHO AMOR, MUCHA TOLERANCIA Y "QUE TODO SE RESBALE".

EN UN VÍNCULO DE NOVIAZGO EVITAR IR MUY RÁPIDO Y LAS RELACIONES SEXUALES DEBEN ESPERAR.

VIUDA ELIGIENDO DIVORCIADO

Cecilia y Adrián tuvieron un noviazgo de ocho años, se casaron y siguieron trabajando. Ambos viajaban mucho por su trabajo, pero eso no les impedía estar pendientes uno del otro. Estaban por cumplir los dos años de casados cuando sucedió lo inesperado:

Iba entrando a mi casa cuando sonó el teléfono, conteste y preguntaron por mi, me dijeron que estaban llamando porque mi esposo había sufrido un accidente y que estaba en el hospital. Me temblaron las piernas, me quede pasmada, pero luego reaccione y salí corriendo hacia el hospital.

Adrián estaba inconsciente y era necesario practicarle una cirugía de alto riesgo, me acerque y le dije que lo amaba. Mientras tanto empezaron a llegar mis papas y hermanos, así como la familia de Adrián.

Todos estábamos muy nerviosos, pasaron muchas horas, solo recuerdo que el medico salió y me dijo: "señora, hicimos todo lo que estuvo de nuestra parte pero no lo pudimos salvar". Grite como una loca, solo recuerdo que después me encontraba en la sala de la funeraria y estaba como autómata, recibiendo muestras de cariño de mucha gente que en realidad ni recuerdo.

Los días fueron muy difíciles porque yo no quería levantarme y tampoco deseaba ir a trabajar. Mi jefe hablo conmigo y me dijo que me tomara unos días, descansara y que esperaba verme pronto en la oficina.

Debo decirles que tuve que sobreponerme muy a mi pesar y volví al trabajo, pero para mi la vida era diferente y así fueron pasando los meses y luego los años.

Transcurrieron cinco años de la muerte de Adrián cuando un día me habla una amiga y me invita a salir, fuimos a comer y me dice: "¡oye se me antoja que vayamos a un antro, tengo muchos años de no ir a uno, te animas! ¿Vamos?.

Estábamos en nuestra mesa viendo como bailaban la gente que estaba en la pista, cuando se me acerco un chico alto, de buen parecer y se presenta con nosotras.

A mi al principio me pareció muy "farol", pero conforme fuimos platicando ya no tanto.

Después de una semana estando con mis papas viendo televisión, sonó el teléfono y era Pablo, que me decía que me hablaba porque se acordó de mi y quería invitarme a cenar.

Salí a cenar con él, ahí me di cuenta que tenia un excelente humor y que era muy divertido. Le conté mi historia y él la suya. Me dijo que él era un hombre divorciado con tres hijos ya adolescentes. Que se había casado muy joven, pero que se había divorciado porque no eran compatibles en muchas cosas y así lo decidieron. Él me dijo que solo se habían desposado por el civil y no por la iglesia, porque en ese tiempo así se les ocurrió.

Pablo me dijo que sus hijos vivían con él, aunque dos de ellos ya estaban estudiando fuera y estaba por mandar a uno de ellos a un curso en el extranjero.

Cuando Pablo me platico estas cosas se me hizo una excelente persona porque son pocos los padres divorciados que se hacen cargo de sus hijos. Y esto me gusto mucho de él.

Empezamos a salir y duramos dos años de novios, luego decidimos casarnos. No tuve problemas con los hijos porque son muy independientes y de inmediato me aceptaron.

Se que ellos siguen viendo a la mama, que al parecer tiene su vida hecha y no tiene ningún tipo de relación con Pablo.

Pero Pablo decidió que los hijos vivieran en un departamento y nosotros solos. Pienso que eso estuvo bien porque nos permitió adaptarnos a nuestra nueva vida de casados sin la responsabilidad de los hijos.

Después me embarace y fue algo maravilloso para mi, ya que siempre había deseado ser madre. Pablo parecía como si no tuviera hijos porque estaba igual o más entusiasmado que yo; la llegada de Santiago, nos vino a inundar de alegría nuestro hogar y a hacernos mas fuerte como pareja.

A los dos años llego Manuel, que complemento nuestra felicidad.

Pero no cabe duda que no hay felicidad completa, ya que a Pablo le diagnosticaron cáncer en un ganglio y luchamos para vencerla con momentos de mucha angustia y obscuridad pero gracias a Dios lo hemos superado y hoy todo ha vuelto a la normalidad.

Y somos una familia muy feliz y agradecida con Dios.

Yo les sugeriría a las mujeres que están buscando pareja, que no tengan miedo si se relacionan con una persona divorciada. Ellos muchas veces no tienen la culpa de esa separación y no se les debe negar una segunda oportunidad para rehacer sus vidas.

Mi caso ha sido una excepción porque yo quede viuda y Pablo nunca se había casado por la Iglesia, así que eso hicimos. Yo se que muchas mujeres se pueden detener por la cuestión religiosa, pero podrían intentar buscar la anulación de su matrimonio y unirse por la Iglesia.

También creo que me funcionó que los hijos eran muy maduros y me aceptaron, también creo que me ayudo, el hecho de que yo no tenia nada que ver con la separación de sus papas y que además Pablo les puso un lugar muy agradable para vivir; y sin descuidarlos a ellos hicimos una vida con más privacidad.

Igualmente les recomendaría que los primeros años de casados, si los hijos ya son mayores, que vean la posibilidad de que vivan con la familia de él. Para que ustedes se puedan acoplar como esposos.

No pensé casarme dos veces; y creo que llego porque así era mi destino; yo creo en el destino. Nunca intente buscar o ligar con alguien, simple y sencillamente me dedique a lo mío: mi trabajo y mis papas.

Hoy soy muy feliz, Pablo ha vencido al cáncer y eso me da mucha alegría y tranquilidad, no quiero perderlo como sucedió con Adrián. Se que no va a pasar porque son dos personas diferentes. Adrián es un Ángel que tengo en el cielo que me cuidada junto con toda mi familia.

También les puedo decir que no tengan miedo de vivir momentos adversos, son tormentas que pasan cuando sopla el viento. Y luego viene la calma y todo se vuelve a acomodar en su lugar.

LECCIONES DE VIDA

NO TODOS LOS DIVORCIADOS SON COMPLICADOS NI TAMPOCO SON UN TABÚ EN EL MOMENTO DE ELEGIR PAREJA

SI LA CUESTIÓN RELIGIOSA ES MUY IMPORTANTE Y ESO IMPIDE QUE ELIJAS A UN DIVORCIADO, VE LA POSIBILIDAD DE LA NULIDAD DEL MATRIMONIO ANTERIOR.

EL RESPETO CON LOS HIJOS ES MUY IMPORTANTE

LO IDEAL ES QUE LOS PRIMEROS AÑOS DE CASADOS ESTÉN SOLOS PÍDELE QUE LOS HIJOS DE ÉL, SI LOS TIENE, VIVAN CON UN FAMILIAR MIENTRAS SE ACOPLAN.

NO TENGAN MIEDO DE VIVIR MOMENTOS ADVERSOS, SON TORMENTAS QUE PASAN CUANDO SOPLA EL VIENTO. Y LUEGO VIENE LA CALMA Y TODO SE VUELVE A ACOMODAR EN SU LUGAR.

DIVORCIADA ELIGIENDO DIVORCIADO

Lucía es una mujer muy valiente y muy afortunada, en su primer matrimonio duro 22 años de casada y en su segundo matrimonio lleva a penas el año, pero con una relación de noviazgo de nueve años.

Una historia que reafirma que cuando tu eliges sabiamente y sabes esperar el amor, como por arte de magia llega solo; pero cuando pones la cabeza y el corazón llega para quedarse:

Me case a los 15 años y tuve cuatro hijos: a los 16, a los 19 y a los 22 años y después me espere a los 34 años, tuve mi ultima hija.

A mi primer matrimonio le faltó mucha madurez, estábamos muy chicos: él tenía 18 y yo 15; duramos año y medio de novios pero yo me case con tres meses de embarazo. Fue una de las causas por las que me case, me dio miedo quedarme sola, veía el compromiso muy fuerte, no sabía como iba a mantener a mi hijo.

Al principio nos casamos sin tener dinero, a partir de tres o cuatro años le empezó a ir muy bien económicamente y se dedico tanto a trabajar que la pareja siempre quedo en segundo termino. No se prestaba mucho a platicar de cómo estaban sucediendo las cosas; él creía que siempre tenia la razón; le empezó a ir mejor, se separo de la vida familiar y se dedico más a compromisos, solo cuando había una reunión con esposas me invitaba.

A él le gustaba mucho divertirse, a veces no llegaba ni a dormir a la casa. Pero para evitar estar peleando te haces la conchuda y piensas: "bueno esta es la situación y a mi no me falta nada económicamente, porque a mi nunca me falto nada"; yo también tuve algo que ver porque ya no puse nada de mi parte; él era muy ofensivo, a quien le gusta que le digan que eres tonta, no piensas, no sirves para nada, que estas gorda, con todo esto de verdad si te sientes muy devaluada; y si afecta mucho y claro que cuando te quieren tocar o algo, estas enojada y no quieres.

Yo le pedí el divorcio, después de dos años de estar separados.

Él se fue de la casa para irse a vivir con otra persona fuera de la ciudad. Ahora nos llevamos mejor que cuando estábamos casados.

Paso el tiempo estuve sola tres años. A mi pareja actual lo conocí en un grupo de ayuda para personas divorciadas y separadas; después de nueve meses, me invitó a tomar café, y luego de ahí ya empezamos poco a poco a salir.

Duramos nueve años saliendo, él tenia dos años de divorciado.

Nunca pensé que hubiera la posibilidad de volverme a enamorar. Pero hay la química y tu la sientes, te vuelve a renacer otra vez la ilusión de salir, de sentirte que estas bonita, no es como la primera vez, es muy diferente., esto es ya un poco mas maduro ya sabes a lo que vas y te das la oportunidad de que alguien te corteje, te diga tantas cosas que a veces dices:"¡Ya ni me acordaba!"

Mi exesposo se fue y a mis hijos les afecto bastante, él se casa a los cinco años de haberse ido de la casa; entonces a todos nos da como depresión, tristeza, aún sabiendo que vivía con la chica; ya conociendo mis hijos a la muchacha; entonces tuve que esperarme otra vez a que se controlaran, asimilaran lo de su papa y a tratar a Sergio. Porque cuando yo empiezo a salir con el le digo:

"Esta bien, vamos a salir pero primero tienes que hablar con mi hijos porque yo no he tenido ninguna pareja y necesito ver que reacción tienen".

Entonces él habla con mis hijos; los cuales, tratan de darle una oportunidad; de ahí sale el compromiso de salir pero esperando a que ellos se acoplaran un poco, aceptando lo de su papa y luego seguiría yo; ya cuando vimos que la relación estaba un poco más madura, más estable, aunque no sabes cuando es el tiempo, empezamos a hacer planes para nuestra boda ¡y por fin nos casamos!.

Mis hijas se llevan excelente con él podemos salir de vacaciones y no hay ningún problema. a donde vayamos están a gusto; pero sus hijos de él no. Son cinco, nada mas me hablan el más grande y el chiquito, pero los otros no me ven muy bien, porque su mamá siempre esta hablando mal de mi. La mama no ha reconstruido su vida.

A los hijos, hay que tratarlos con mucho respeto, no te puedes meter a quererles llamar la atención ni a nada, aquí cada quien sabe como educar a sus hijos. El hijo grande pues, es muy tranquilo, se lleva muy bien con nosotros, no lo veo muy seguido pero cuando lo veo, me saluda muy cordial. El más chiquito, se queda a dormir con nosotros aquí cada 15 días y el viene fascinado, pero porque yo trato lo mejor que se pueda al niño, me llevo muy bien con él y le encanta estar aquí en la casa.

La relación con mi esposo la veo bien, si tenemos altibajos pero en general muy bien.

Me siento a gusto con él, puedo platicar mucho. podemos ir a tomar una copa, a cenar; tenemos muchos grupos de amigos no todos son divorciados, nos seguimos juntando con el grupo donde nos conocimos algunos siguen divorciados otros ya se casaron.

Aparte tenemos muchos grupos de parejas de gente casada.

Yo a las mujeres les recomiendo que se den otra oportunidad. Al principio no lo quieres hacer, pero yo pienso que al rato los hijos se van y te quedas sola.

Mira como estas tan vulnerable, recién divorciada, no es tan bueno tener pareja sino hasta después de tomar terapia. Sanar lo que traigas mal, porque tienes que reponerte antes de abrir otra puerta. Y creo que la misma vida te da la oportunidad de abrir otra puerta, porque sacaste todo lo que traías mal, no tienes malos deseos a la pareja que tuviste anteriormente.

Mucha gente piensa que un clavo saca otro clavo, pero creo que no es lo correcto para nadie ni para la persona que vas a elegir, porque no son salvavidas.

Yo me dedique mucho al ejercicio fue una de mis terapias; porque al principio yo tomaba pastillas para dormir pero ya después ya no me hacían; entonces lo que hacia, era entrenar mucho; me metí a mis rosarios, me acerque muchísimo a Dios que fue lo que me saco adelante. Prácticamente no tenia tanta convivencia con nadie, sino con mis hijos, mi casa, y empecé a tomar un curso de floristería; para mi el trabajar con flores ha sido muy relajante.Y me dedique un poquito más a mi persona.

Igualmente, que antes de casarse fijen reglas de convivencia con respecto a como será la relación con los hijos, las familias, la relación entre la pareja.Además de tocar el tema económico, como se va administrar los bienes de los dos, las necesidades de los hijos, ser muy claros.

También les digo que si se van a involucrar con un divorciado es preferible que lo hagan cuando ya tiene tiempo de serlo, que ustedes no sean la causa de su separación o divorcio. Pues así se evitaran muchas culpas que pudieran surgir con el tiempo.

Aquí nosotros estamos tranquilos porque ninguno se metió en la vida del otro cuando estaba casado.

Otra de las cosas que nos ha funcionado y logrado que los hijos se sientan cómodos: es que en las reuniones familiares de mis hijos, graduaciones, boda, o lo que sea, no va la esposa de mi exesposo, ni va mi esposo. Es muy recomendable que lo hagan de esta manera porque a veces pones entre la espada y la pared a la demás familia porque no saben si acercarse a ti o a la otra pareja. Quizá, haya reuniones en las que tengas que ver a la otra pareja; en mi caso, a la esposa de mi exesposo si la he visto pero fue en un sepelio, se murió un excuñado, que yo quería muchísimo y pues cada quien en *su lugar; yo con mis hijos acompañándolos y ella en su papel como esposa, y yo acá aparte y con respeto.*

LECCIONES DE VIDA

DARSE LA OPORTUNIDAD DE REDESCUBRIRSE CON UNA NUEVA PAREJA.

LA IMPORTANCIA DEL RESPETO EN EL TRATO CON LOS HIJOS DE AMBOS.

PROYECTO DE VIDA EN COMÚN CON REGLAS DE CONVIVENCIA CON FAMILIA, HIJOS Y AMIGOS.

NO HAY QUE DESESPERARSE PARA ESCOGER UNA PAREJA PORQUE POR LAS PRISAS A VECES ELEGIMOS LO QUE NO ES CORRECTO.

JAMÁS TE INVOLUCRES EN UNA NUEVA RELACIÓN SI AÚN ESTAS VULNERABLE O NO ESTAS LISTA.

EVITA SER LA CAUSA DE SEPARACIÓN O DE DIVORCIO DE TU NUEVA PAREJA Y SOLO ASÍ VIVIRÁS SIN CULPAS Y TENDRÁS UNA RELACIÓN MAS SANA.

EL AMOR DE CORINTIOS

Para mi el amor de corintios sintetiza lo que es el amor verdadero, al que todos deberíamos de aspirar y lograr practicar.

Es un amor sobrenatural solo se puede lograr cuando tu te abres a Cristo y como pareja le pides que venga a morar primero en tu corazón y después en tu hogar.

Solo así podrás perseverar en un mundo tan cambiante y lleno de egoísmo.

Si de verdad quieres cimentar tu relación o tu hogar sobre Roca, tendrás que apoyarte en Dios. No hay duda, todos los matrimonios que han logrado cruzar las fronteras de las diferentes etapas del matrimonio y permanecer juntos se tomaron de la mano de Dios y hicieron suyo los que una vez Pablo en Corintio predico sobre la Preeminencia del Amor.

Estoy segura que los que nos hemos casado hemos puesto como lectura esta carta de Pablo, y casi puedo asegurar que lo harán aquellos que algún día se van a casar.

Siendo un texto tan sabio, trascendente, en donde están las claves para cualquier relación de pareja que quiera ser congruente con su amor y compromiso y sobre todo que ese amor nunca se acabe y que aún con la muerte permanezca.

El amor de Corintios debe ser la bandera que inspire nuestra vida conyugal, en la elección que hagamos.

Quiero que desde hoy que estas en esta pagina del libro, te hagas el propósito de aprenderte este texto bíblico, y lo hagas parte de ti, de tu esencia y yo puedo apostar que siempre serás muy feliz en tu relación de pareja y llegaras a ser un testimonio de vida para otras tantas parejas que están ansiosas de ver que el amor si perdura, que el amor es más de lo que el mundo de hoy nos quiere vender y hacer creer.

Tu mereces tener éxito con la elección que hagas y este es el ingrediente que vas a necesitar.

Revisemos este maravilloso texto, sabes, me gusta mucho. ¡Me emociona, yo creo en él y quiero que tu también creas!

"1. Aunque hablara las lenguas de los hombres y de los ángeles, si no tengo caridad, soy como bronce que suena o címbalos que retoñe.

2. Aunque tuviera el don de profecía y conociera todos los misterios y toda la ciencia; aunque tuviera plenitud de fe como para trasladar montañas, si no tengo caridad, nada soy.

3. Aunque repartiera todos mis bienes, y entregara mi cuerpo a las llamas, si no tengo caridad, nada me aprovecha.

4. La caridad es paciente, es servicial; la caridad no es envidiosa, no es jactanciosa, no se engríe;

5. Es decorosa; no busca su interés; no se irrita; no toma en cuenta el mal;

6. No se alegra de la injusticia; se alegra con la verdad.

7. Todo lo excusa. Todo lo cree. Todo lo espera. Todo lo soporta.

8. La caridad no acaba nunca. Desaparecerán las profecías. Cesarán las lenguas. Desaparecerá la ciencia.

9. Porque parcial es nuestra ciencia y parcial nuestra profecía.

10. Cuando vendrá lo perfecto, desaparecerá lo parcial.

11. Cuando yo era niño, hablaba como niño, pensaba como niño, razonaba como niño. Al hacerme hombre, dejé todas las cosas de niño.

12. Ahora vemos en un espejo, en enigma. Entonces veremos cara a cara.

Ahora conozco de un modo parcial, pero entonces conoceré como soy conocido.

13. Ahora subsisten la fe, la esperanza y la caridad, estas tres. Pero la mayor de todas ellas es la caridad. (I Corintios 13, 1-13.)"

EL AMOR ES PACIENTE

Esta virtud nos permite tolerar, sin perturbarnos, los defectos o debilidades de la pareja; es una espera y sosiego de las cosas. Es muy útil, en la practica para momentos de desacuerdos, ya que controlamos nuestros impulsos y usamos el dialogo.

Hay muchas cosas triviales de la vida diaria, que pueden hacer que surjan roses. Por ello aquí, no importa que tan preparados o cultos seamos; lo que debe quedar muy claro, que es el Amor de Dios en nosotros lo que determinara si hemos de responder a las acciones paciente o impacientemente.

Cuando la practicamos somos bendecidos con frutos como: claridad de pensamiento, paz, moderación de la lengua y extingue la ira y el orgullo.

EL AMOR ES BENIGNO

Se refiere a un amor que busca el bien, que es comprensivo, servicial, procura ser amable en el trato, siempre va a encontrar el lado bueno de las cosas y evita juzgar.

Esta virtud ayuda a las parejas a mantenerse entusiastas y siempre dándose aliento, permite que la comunicación sea cálida y sencilla evitando malos modales.

Pues no olvidemos que la vida de pareja tiene implícito actividades rutinarias y hacer las cosas con bondad o amabilidad le da un sentido diferente y reconfortante a la relación.

EL AMOR NO TIENE ENVIDIA

La envidia es un sentimiento mezquino, es un malestar por la prosperidad y felicidad del prójimo.

De la envidia surgen otro tipo de sentimientos como el odio, la hipocresía, la calumnia, entre otros.

Termina por destruir una buena relación y sobre todo la admiración y respeto entre los cónyuges.

Cuesta mucho trabajo imaginarse, que esta alteración surja entre los esposos que se han profesado amor eterno, pero lamentablemente surge cuando el talento y éxito de uno de los consortes quita mérito a las cualidades del otro propiciando una baja autoestima lo que provoca la envidia.

La única manera de evitar que este sentimiento jamás entre en nuestro corazón es a través de las virtudes de la humildad y la modestia. Hacer a un lado actitudes de vanagloria que no dejan nada bueno y que si causan en el prójimo la envidia.

EL AMOR NO ES JACTANCIOSO, NO SE ENVANECE

Hay ocasiones en que uno de los cónyuges, le gusta ser el centro de atención y estar jactándose de sus acciones sintiéndose superior en todos los sentidos, menospreciando y minimizando los talentos y capacidades de su pareja. La vanagloria no es buena, pues desune y crea una distancia entre los novios o esposos.

El amor verdadero inspira sentimientos de respeto, es delicado y a nadie desprecia, es un amor que enaltece, que honra.

EL AMOR NO ES EGOÍSTA

Hace a un lado el orgullo, lo deshecha, sabe que es algo que debe estar fuera de una relación por su gran daño.

Se entrega incondicionalmente, sin esperar nada a cambio.

Trata de agradar y de hacer feliz al otro.

El fruto es un gran amor que se reafirma a diario, porque el corazón esta lleno de un amor divino. Un afecto que no solo es físico y emocional sino que es integral, que implica también el espíritu, pero sobre todo que involucra a Dios en sus vidas.

EL AMOR NO SE PORTA INDECOROSAMENTE, NI BUSCA SU PROPIA VENTAJA

El decoro es el honor o respeto que se debe a una persona por su dignidad.

En la relación de pareja debe haber mucho respeto y confianza pero sin descuidar la moralidad en lo referente a la sexualidad.

Hay que tener delicadeza en la comunicación verbal y no verbal.

Tanto la mujer como el hombre, deben de cuidar y respetar su cuerpo, ya que es la expresión física y generosa del amor.

El verdadero amor jamás obtiene ventaja, siempre ve por el bien del otro. Es equitativo.

EL AMOR NO SE IRRITA

El enfado o enojo provoca rencores, discordias que van creando muros que al final destruyen un relación.

Es normal que en la vida de pareja existan diferencias, pero estas pueden ser sanadas a través del dialogo y la corrección fraterna; y esta debe ser siempre en privado y se debe tener mucho tacto.

Quien ama no puede estar enojado por mucho tiempo, perdona y olvida. Tiene una fuerza especial para sobrellevar las provocaciones externas.

Recordemos que una respuesta suave calma el enojo y una palabra hiriente aumenta la ira.

EL AMOR NO SE ALEGRA DE LA INJUSTICIA

Significa que no le da gusto los defectos de su pareja, sus errores, o mal proceder en determinada circunstancia. Pues cuantas consortes se gozan cuando hay diferencias entre ellos y lo primero que pasa en sus mentes en que desean algo malo a su pareja con la finalidad inconsciente de castigarlo. El amor siempre va querer ayudar y siempre va ser comprensivo, le dolería una injusticia que experimente su pareja, el amor verdadero es solidario.

También aplica la justicia como una relación equitativa. Por lo que tendríamos que cuestionarnos si dentro de nuestra relación nuestros deberes y obligaciones se distribuyen y asignan justamente.

EL AMOR SE REGOCIJA EN LA VERDAD

Los matrimonios que perseveran son aquellos que han apostado por la verdad ante todo, es decir, hay una gran confianza y por ende una excelente comunicación en la pareja.

La mentira, jamás va a favorecer la unión, muy por lo contrario la destruye y hiere.

La persona que se siente engañada, sabe que no es amada. Es muy fuerte pero es real.

Por ello es muy importante, evitar ocultar cosas, engañar, ante todo siempre decir la verdad, jamás tenerle miedo.

EL AMOR TODO LO PERDONA

El amor verdadero todo lo perdona; y este solo se puede dar a través del amor de Cristo.

Yo sugiero para poder perdonar, estar en sintonía y empatía con Jesús, recordar lo que él hacia en los momentos que él otorgaba el perdón a quien lo traicionaba.

Debemos memorizar y tener presentes las siguientes frases:

"Padre perdónalos por que no saben lo que hacen"

"Perdonar 70 veces siete"

Es necesaria la corrección fraterna en la pareja, es como si nos corregimos a nosotros mismos, pero esta debe ser siempre oportuna y con caridad a la luz de Cristo.

EL AMOR LO CREE TODO Y LO ESPERA TODO

Esta parte nos habla de que debemos confiar total e incondicionalmente en nuestra pareja. Y si se ha equivocado debemos comprenderlo y apoyarlo para que enmiende y evitar que vuelva a caer.

Aquí debemos ser pacientes, amorosos y sobre todo hacer a un lado los juicios, pues estos solo podrán hacer que haya un mayor distanciamiento y nuestra pareja se sienta culpable.

El amor es un acto de entrega total sin esperar nada a cambio y es en esta parte donde se requiere esa entrega total y sin limites.

EL AMOR TODO LO SOPORTA

Aguantar con paciencia, dolor o resignación una cosa que no es agradable solo se puede lograr cuando nuestro amor es más que físico, emocional, u hormonal; cuando nuestro amor esta cimentado en Cristo, porque solo él será la roca que sostenga las relaciones de las parejas que han descubierto que el verdadero amor se da a través de él.

Cuando en una relación una de las parejas se aleja de Cristo es muy difícil que pueda soportar los defectos, temperamento, debilidades y carencias de su pareja, este es el gran secreto de quienes han podido lograr juntos muchos años y en donde el amor nunca se ha terminado.

Una vida, una relación, un noviazgo, un matrimonio feliz, se encuentra no solo cuando nos encomendamos a Dios sino que hacemos de El parte de nuestra vida.

LOS VERBOS DEL AMOR

Así le he llamado a tres actitudes que debemos tener, en cuanto a nuestra relación con nuestra pareja. El entenderlas, hacerlas propias y practicarlas nos darán mucha satisfacción a ambos.

La primera es **ESCUCHAR**:

Si, debemos escuchar la voz de la persona que amamos, a través de los diversos sonidos, principalmente el del alma, y para ello debemos estar serenos, es en ese estado, con una actitud atenta, amorosa y tranquila que percibiremos las necesidades de nuestra pareja y será mas fácil dar respuesta a ellas.

La segunda es **CONOCER**:

Cuando el amor es verdadero, facilita que la relación este en la misma frecuencia, de allí que podemos conocer más los gustos, preferencias, del ser amado lo que a su vez redunda en una mejor comunicación y confianza pues de antemano podemos predecir conductas de nuestra pareja ante ciertos estímulos, haciendo mucho mas fácil la convivencia.

Y la Tercera es **SEGUIR:**

Esto implica que ambos siguen un Proyecto de Vida en común, es tal el amor que se tienen el uno al otro que están seguros de ir juntos por el mismo camino y arribar hasta el final del mismo. Saborean cada una de las etapas que les tocara vivir y aparecerán los días en que se sentaran juntos a recordar los caminos que tuvieron que transitar para que ese amor perdurara a través del tiempo.

Cuando pones en acción los **VERBOS DEL AMOR**, el amor en automático tiene vida eterna, no perece, no hay nada ni nadie que te lo pueda arrebatar, porque cuando tu has elegido con éxito a tu pareja, estos verbos entrarán en acción; y si a esto le sumas que has invitado a Dios en tu vida de pareja, El cuidará de ese amor y nadie puede arrancar nada de la mano de Dios, por lo que tienes ya seguro el éxito en tu vida de pareja.

¡Ahora solo ocúpate de disfrutar de su compañía hasta que entregues tu ser al Creador!

EL AMOR PERDURA

TESTIMONIO DE UNA PAREJA QUE CUMPLIÓ 50 AÑOS DE CASADOS

Verónica y Eduardo recientemente han festejado su 50 aniversario de matrimonio.

A lo largo de su historia han superado como muchos matrimonios etapas difíciles que gracias al amor, madurez y perdón, pudieron sortear obstáculos y llegar juntos a la meta.

¿Se pueden imaginar que hay detrás de 50 años de una pareja de casados?

Obviamente hay muchas cosas y sobre todo mucha experiencia. Cuando hice la transcripción fui saboreando cada uno de los diálogos mismos que tienen un sentido natural y profundo.

EDUARDO... Su hermano y yo estudiábamos en México vivíamos en la misma casa; habíamos sido compañeros en Zacatecas éramos muy amigos; normalmente iba a visitar a mi amigo. Cuando lo iba a ver siempre me encontraba a Verónica. Pero yo sabia que ella tenia un novio, que se llamaba Oscar. Y cuando llegaba le preguntaba: "¿sigues con Oscar?" y decía que si.

Ella tenia muchos años de novia de Oscar. Yo tenia mi novia también.

Regrese al mes y le volví a preguntar que si seguía de novia y me dijo que si. Posteriormente en una de las visitas que le hice a mi amigo me la vuelvo a encontrar y le digo: "¿oye sigues con Oscar?". Y me dice: "no, estoy enojada". En ese momento no supe que responder, porque yo ya traía la contestación. Mi novia también se llamaba Verónica. Y en esos días andaba enfadado con ella. Y entonces le dije: "oye que te parece, vamos a dar la vuelta cuando vemos a Oscar nos agarramos de la mano y cuando pase nos la soltamos. O cuando miremos a Verónica nos tomamos de la mano y cuando pase, pues nos soltamos". Y en la agarrada y en la soltada de la mano nos empezamos hacer novios.

VERÓNICA... Duramos dos años de novios y nos veíamos en vacaciones porque él estaba en México y yo en Zacatecas. A mi me llamo la atención de que era muy trabajador. Porque, mi hermano me platicaba que cuando estaba de vacaciones se levantaba a las cuatro de la mañana a la ordeña de las vacas. Y luego su papa lo mandaba a repartir leche.

EDUARDO... Cuando empecé a salir con ella veo que es una mujer muy moral, decente, guapa y que se puede platicar de cualquier tema con ella. Y la sentí madura e inteligente.

VERÓNICA... Nos casamos y nos vamos a vivir a Guanajuato. Porque Eduardo estaba trabajando allí; él tenía 22 y yo iba a cumplir 21 años.

A los diez meses nació Eduardo, al año siguiente Javier; Al año Graciela y luego decidí cuidarme; Y después de siete años viene Mariela. Pero era muy pesado, porque cuando vivíamos en México tenia a los tres muy chiquititos y luego Eduardo se iba tempranísimo y regresaba hasta en la noche.

YO... En un matrimonio pasan muchas cosas, ¿Cuáles han sido las situaciones más difíciles a las que ustedes se enfrentaron como pareja?.

VERÓNICA... Una de las situaciones más difíciles es cuando, estando en México, Eduardo se va a trabajar a Acapulco y yo me quedo sola ocho meses con mis hijos; él venia cada 15 días y luego cada mes; pero luego pensé ya no puedo estar esperando que venga cada mes o a ver cuando; y decidí seguirlo a donde él estuviera. Reflexione sobre el peligro que podría presentarse en nuestro matrimonio al estar alejados, porque se va desacostumbrando uno. En Acapulco duramos 12 años.

EDUARDO... Para mi el inicio del matrimonio fue un problema difícil. Los primeros cuatro o cinco años.

Para el hombre la situación económica es muy importante y para la mujer la maternidad. Para mi el inicio de mi carrera, mi trabajo; cuando terminas tu carrera y vas y pides un empleo te piden experiencia, pero como acabas de terminar no la tienes. Entonces tocas muchas puertas y de alguna manera necesitas una recomendación, un apoyo.

Mi señora estaba acostumbrada a una situación económica muy estable. Nos casamos y pasa una etapa difícil.

Después cuando nos fuimos a Acapulco, iba con un buen trabajo. Allí empezaba nuestra estabilidad económica. Teníamos amigos que no eran de Acapulco. Estuvimos en el Movimiento Familiar Cristiano, muchos años. Fuimos presidentes del movimiento.

VERÓNICA... Eso nos ayudo mucho y nos permitió hacer buenos amigos.

EDUARDO... Lo que acaba de decir Verónica es muy importante, depende mucho de las amistades. Y nosotros con nuestros amigos del Movimiento Familiar Cristiano nos fortalecimos como pareja.

VERÓNICA... Luego nos fuimos a León donde vamos a cumplir 33 años. Toda la vida nos hemos respetado. Eduardo, me ha dejado libre para hacer lo que yo quiera. Entre a estudiar a la Ibero, eso es importante, dejar al otro ser.

EDUARDO... Para mi el amor es ser feliz, vivir contento y ser optimista. Si ella vive contenta, es feliz y optimista quiere decir que le estoy dando amor. Si estoy feliz, contento y estoy siendo optimista quiere decir que estoy recibiendo amor.

VERÓNICA... *Tienes que poner mucho de tu parte, cada uno*

EDUARDO... *A veces se carga más de un lado que del otro. Pero tiene que ser de los dos. El fracaso de un matrimonio es de dos, claro, a veces tienen mas la culpa uno que el otro, pero es de dos. El éxito del matrimonio es saber dar y saber recibir. Es fundamental el respeto. Cuando le he querido hablar fuerte, o decir alguna cosa, siempre hemos dicho vámonos respetando. También ha funcionado entre nosotros el dialogo. Teníamos la costumbre, de irnos solos un fin de semana; y a lo mejor en la tarde no nos hablábamos, no nos dirigíamos la palabra. Pero al día siguiente empezábamos a platicar de una cosa y el tercer día no dejábamos de hablar. Sacábamos lo que traíamos.*

VERÓNICA... **No guardar nada, decir las cosas que te disgustan. Y es muy importante, saber perdonar y en un momento dado saber pedir perdón.**

EDUARDO... *Perdonar es olvidar ¿eh? Y olvidar es olvidar.*

Pero sabes ¿cuando se va perdonando más fácilmente?: cuando las cosas que se pone uno de acuerdo se llevan a cabo; porque nos hemos peleado, yo he causado muchos problemas en mi matrimonio, ella también, diferentes porque somos distintos; pero cuando llegas a un acuerdo, no se trata solo de lograrlo, sino que se trata de poner en practica el acuerdo que tuviste.

Yo creo que en este momento es más complicada la situación para los matrimonios, porque hay ciertos valores universales como: la ética, la moral, que a veces la acomodan a su antojo.

Yo siento que en el matrimonio tiene que haber corresponsabilidad.

Entonces porque hemos llegado a los 50 años de matrimonio, porque hay amor.

VERÓNICA... **Yo creo que ese es el ingrediente más importante, si no existe amor no aguantas nada.**

EDUARDO... *Por ahí anda y hay amor en las dos vías, cuando ha habido amor ha habido perdón.*

VERÓNICA... *Si no el perdón no se da.*

EDUARDO... *Yo creo que ya en nuestra edad ya hay un poco de conveniencia de estar juntos porque nuestros hijos ya se fueron. Pero como vas a vivir esa soledad, pues la vas a vivir con tu esposa, es menos dura vivirla con tu pareja que estar solo, por eso digo entre paréntesis quizá haya un poco más de interés. No quiere decir que se acabe el amor sino que éste evoluciona, trasciende.*

VERÓNICA... *La sexualidad, al principio de tu matrimonio es intensa es sumamente importante; y a nuestra edad es otro tipo de relación, de acompañarnos, de apoyarnos y la sexualidad en esta etapa es otra forma de expresión.*

EDUARDO... *Agarrarle la mano a la mejor ya es sexualidad y no por eso quiere decir que no hay amor.*

VERÓNICA... *Hasta en las emociones, porque antes por cualquier cosa hacia un tango, me dolía y lloraba. A esta edad para nada hay ese tipo de reacciones, porque hay mas madurez.*

EDUARDO... *Otra cosa muy importante son los espacios, tenemos los nuestros: a ella le gusta hacer aquello a mi me gusta hacer esto otro, pero nos complementamos y nos damos esa libertad.*

VERÓNICA... *En las diferencias se va uno aceptando, tolerando.*

EDUARDO... *Y hemos platicado mucho de la etapa de vida que nos sigue de aquí para adelante no sabemos en que momento a mi me de un infarto o a ella. Siempre pedimos en oración que no sea algo muy duro.*

Hemos platicado de situaciones difíciles como es la muerte, que es algo natural, ni ella ni yo le tenemos miedo; tal vez un poco al como va a suceder.

VERÓNICA... *Tenemos claro que vamos a seguir juntos hasta el día que cualquiera de los dos se vaya. Y además yo no desearía otra cosa. Yo quiero muchísimo al flaco y yo creo que yo me sentiría muy triste sI él se va, por eso yo siempre digo, yo primero.*

EDUARDO... *Un día les pregunte, a unos amigos ya grandes, cuando es mas difícil el matrimonio, los primeros, los segundos o los terceros 20 años. Y me contestaron que los más difíciles son los terceros 20 años, todos me lo dijeron igual.*

VERÓNICA... *Estas mucho más limitado. Siempre hemos planeado y hemos buscado la forma que si uno falta no tenga necesidad de estar dependiendo de los hijos, eso es muy importante.*

YO... *¡Que les dicen sus hijos de que hayan llegado a los 50 años de casados?.*

VERÓNICA.... *Yo los veo muy bien y contentos, un día Eduardo me dijo: "fíjate mama que platicando con Verónica,(mi nieta, Eduardo esta divorciado),le dije: "mira hija a lo mejor tu mama y yo no te hemos dado los mejores ejemplos pero fíjate en tus abuelos".*

EDUARDO... *Acabamos de tener nuestro 50 aniversario de casados y vi a mis hijos tan contentos como nosotros, a los cuatro, yo hable con ellos y les dije: "vamos hacer una fiesta chica y me gustaría que cada uno invite cinco matrimonios;" los vi encantados, esta mal que yo lo diga, pero como que se sienten orgullosos de nosotros.*

VERÓNICA... *Dios nos ha dado la gracia de pasar por muchas etapas y gracias a él hemos seguido juntos.*

EDUARDO... *El problema de muchas parejas actualmente, es que hay mucha desobligación y repercute en los jóvenes por eso hoy hay mucho alcoholismo y drogadicción. Tiene que haber unos padres más comprometidos y firmes en la formación de sus hijos.*

YO... *¿Que les recomendarían a los matrimonios que actualmente están en problemas, para que puedan seguir juntos?.*

VERÓNICA...*Que jamás se tome una decisión cuando estan en la crisis fuerte, que dejen pasar el tiempo y lo vean con menos apasionamiento; también diría que recuerden el tiempo que se conocieron, se enamoraron, y volver a retomar eso para que traten de seguir juntos. Porque por algo se unieron.*

EDUARDO...*Una cosa fundamental para mi seria la comunicación: hay muchos temas de que platicar en una casa: desde el dinero, la comida, trabajo, los viajes, las diversiones, creo que con la comunicación tu conoces a la otra persona y ella a ti y se dan cuenta de la realidad y saben que terreno están pisando.*

Que se den tiempo de tomar vacaciones, el trabajo nunca se acaba, siempre va a ver ocupaciones y hace falta salir; estar desconectado del teléfono, del Internet, con toda esta tecnología se esta creando la incomunicación en las familias y también en las parejas. Por eso se tienen que dar su espacio para dialogar. Porque si no serán unos desconocidos viviendo en la misma casa.

Incluso una cosa que a mi me ha servido mucho, tomar unos ejercicios espirituales, hay que acercarse a Dios porque te encuentras a ti mismo en los ejercicios.

YO... *¿Que les dirían a las parejas que están por casarse o que se piensan casar?.*

VERÓNICA... *Principalmente que estuvieran muy seguros de su decisión, ya que es la mas importante de la vida porque el mayor tiempo de tu vida lo pasas con tu pareja. Tener muy claro de que de verdad amas a esa persona, puesto que no es fácil el matrimonio; y además decirles que procuren tener tiempo para ellos aunque tengan hijo; que siempre sean honestos el uno con el otro hasta en el caso de no sentir amor, decirlo.*

Buscar terapias o lo que sea para tratar de salvar el matrimonio porque no solamente son ellos, sino los niños. Que busquen tener detalles el uno para el otro; y que nunca se sientan seguros de que ya porque se casaron el otro ya es seguro, sino que siempre luchen por ese amor con detalles, dialogo,comunicación, humildad, jamás ver al otro inferior, son una pareja que los dos valen muchísimo.

EDUARDO... Yo diría una cosa, muy sencilla, que siempre sean novios.

Cuando uno es novio te peinas, bañas, arreglas, eres puntual, hablas bonito, das unos besos y sientes que estas en el cielo, te abrasas te sientes orgulloso de la persona que anda contigo, creo que la época del noviazgo es maravillosa, tan es así que se casan, por eso les recomiendo que siempre sean novios.

¿Como van hacer novios cuando ya tienes 20 años de casados?: pues planeando un viaje, sin hijos y darse tiempo la pareja, porque los hijos son prestados, se van y tienen sus problemas igual que nosotros.

VERÓNICA... Yo no entiendo a una pareja que pueda seguir junta sino hay amor.

EDUARDO... No entiendo muchos noviazgos de ahora: "que ya se fueron mis hijos a Estados Unidos, a Europa y con sus respectivos novios o novias.

YO... ¿Porque no lo entiende?.

EDUARDO... Porque no hay como ir descubriendo a tu mujer cuando ya lo es; y que ella a su vez lo haga contigo, juntos ir quitando velos. Se están adelantado demasiado y eso es lo que esta ocasionado los problemas en las relaciones actuales.

En nuestra época era esencial la virginidad y a lo mejor actualmente no es importante, yo lo entiendo, pero eso no es lo primordial. El sexo no es todo el matrimonio, es un abanico de posibilidades y dentro de las tiras del abanico esta el sexo. Y los jóvenes piensan que es lo fundamental porque es lo que les presentan los medios y están equivocados.

YO... ¿Que sintieron cuando estaban dando gracias por su aniversario?.

VERÓNICA... Yo me siento muy agradecida con Dios, por que Eduardo este a mi lado, me quiere mucho y también por mis hijos, ¡es maravilloso!.

EDUARDO... Yo me siento muy tranquilo; y creo que esto va pegado con la felicidad, la estabilidad, el estar bien; y le he dicho a mi mujer que si me tengo que morir mañana a mi no me preocupa; todo lo que tuve que hacer ya lo hice, lo que tuve que dar ya lo di y Dios me ha dado mucho más de lo que yo aspiraba, entonces yo estoy tranquilo conmigo mismo.

Desde luego en esto cuenta mucho Verónica, creo que hemos hecho un equipo.

LECCIONES DE VIDA

-ESTAR SEGUROS DE LA DECISIÓN DE CASARSE ANTES DE HACERLO.

-ANTES DE CASARTE TENER ESTABILIDAD EMOCIONAL Y ECONÓMICA.

-SABER DAR Y SABER RECIBIR.

-SON FUNDAMENTALES EN UNA RELACIÓN, EL RESPETO, LA COMUNICACIÓN Y EL PERDÓN.

-SI HAY CAMBIO DE RESIDENCIA SEGUIR A TU PAREJA.

-CONVIVIR CON PAREJAS QUE TE AYUDEN A FORTALECER TU RELACIÓN.

-PONER EN PRACTICA LOS ACUERDOS QUE SE TOMEN COMO PAREJA.

-TENER ESPACIOS PROPIOS

-TOMAR EJERCICIOS ESPIRITUALES O ALGÚN OTRO MEDIO QUE TE AYUDE A ENCONTRARTE O REAFIRMARTE COMO PERSONA.

-JAMÁS TOMAR UNA DECISIÓN DE SEPARACIÓN CUANDO SE ESTA PASANDO POR UNA CRISIS FUERTE.

-MANTENER EL ESPÍRITU DE NOVIAZGO DENTRO DEL MATRIMONIO.

CONCLUSIÓN

Mi intención al escribir este libro es ayudar a muchas mujeres que están viviendo la etapa de elección de su pareja o bien a aquellas que ya al haber tenido una experiencia previa deciden volver a empezar otra relación.

Como dije al principio el amor es una decisión. Si tú eliges amar debes de saber que el amor con el paso de los años evoluciona, trasciende, por eso es importante que lo consideres y lo platiques con tu pareja aún antes de casarte. Es algo que nadie hace y que sí embargo es importante platicarlo. Decir por ejemplo que pasaría si ya el uno o el otro ya no sienten amor, como se lo comunicarían sin lastimarse. Como repartirían sus bienes y como sería la custodia de los hijos. Que estarían dispuestos a aceptar en una ruptura y que no. Y lo mismo si están juntos y llegan a la plenitud de la vida como quedarían el uno y el otro cuando alguno de los dos se muera.

Como pudimos notar en estos testimonios, hay historias tristes y felices pero esto obviamente depende de las circunstancias y la madurez de las personas. Si bien es cierto que el éxito o fracaso de un matrimonio depende de dos, es importante destacar que en algunos casos depende más de uno que del otro.

Ciertamente es difícil predecir que va suceder en una relación pero algo que te dará tranquilidad es que las experiencias que de el surjan son vivencias con las que tu te has comprometido y que de una u otra manera te harán sentir bien, porque tu así lo decidiste al elegir a esa persona.

No debes de tener miedo de la experiencia de amar aunque hayas sufrido desilusiones, debes de tener pavor de no amar, de no volver a darte una oportunidad si esta se presenta en las condiciones que te hagan sentir bien.

Las relaciones de pareja son como un tren en el que tú puedes decidir subirte en ese tren y que te lleve al lugar donde va, sin saber el rumbo; o comprar tu pasaje de tren al lugar que tú quieres ir y llegar a tu destino.

Lo que me interesa es que te quedes con la idea de que si tú eliges bien tú vas a vivir feliz y tu pareja también; que su relación será sana y duradera.

Espero que se haya cumplido mi objetivo al escribir este libro:

Que quien lo lea tenga por lo menos una herramienta practica que le ayude en la elección de su pareja.

Por ultimo quiero darte las gracias por haber escogido este libro y darte el tiempo para leerlo. Este simple hecho ha creado un lazo entre nosotras por eso puedes contar con mis oraciones para que encuentres a esa pareja y siempre permanezcan juntos; que sean muy felices y den testimonio de que el verdadero amor subsiste y trasciende.

BIBLIOGRAFIA

Biblia de jerusalén
Corintios 13:1-13

El Desafío del Amor
Stephen y Alex Kendrick
Editorial Nashville Tennessee
2010

INEGI
Instituto Nacional de Estadística y Geografía
"Estadísticas a Propósito del 14 de Febrero,
Matrimonios y Divorcios en México
Datos Nacionales

Lo Que Las Parejas Inteligentes Saben
Patricia Covalt, Ph D.
Editorial Taller del Éxito
2012

Lo Que El Necesita lo que Ella Necesita
Willard F. Harley, Jr
Editorial Revell
2007

Se Casan Creyendo Que...
Gustavo Ferraris D. sdb
Editorial Don Bosco
2011

Soho
www.soho.com.co
Publicación Mensual para hombres

ACERCA DE MI

Nací en la Ciudad de San Luis Potosí, México, una ciudad que por su belleza cultural y arquitectónica inspiro en mi desde pequeña el amor por el arte en todas sus manifestaciones.

Estudie la carrera de Ciencias de la Comunicación. Me he desempeñado como periodista, conductora de noticias en radio y televisión; publirrelacionista; conferencista sobre temas de desarrollo humano para algunas empresas y Asociaciones.

He trabajado con parejas en ECIM, (Encuentros Cristianos de Integración Matrimonial).

Colaboro para la sección: El Club de la Pluma del Periódico AM de la ciudad de León, Guanajuato, donde vivo.

También he dado algunas platicas en la radio y en la TV con temas para la Defensa de la Familia, a través de ADEFA (Asociación Pro Defensa de la Familia).